FSC
www.fsc.org
MIX
Papier aus verantwortungsvollen Quellen
FSC® C006701

Besuchen Sie uns auf www.facebook.com/conbook

2. Auflage 2013

www.conbook-verlag.de
www.heimatbuch.de

In der Reihe »**Heimatbuch**« bisher ebenfalls erschienen:

Berlin	Murat Topal	ISBN 978-3-934918-84-9
Eifel	Hubert vom Venn	ISBN 978-3-934918-95-5
Franken	Mia Pittroff	ISBN 978-3-943176-00-1
Hamburg	Tania Kibermanis	ISBN 978-3-943176-19-3
München	Sarah Hakenberg	ISBN 978-3-934918-91-7
Ostfriesland	I. Lienemann, K. Jakob	ISBN 978-3-934918-87-0
Rheinland	Christian Bartel	ISBN 978-3-934918-89-4
Saarland	Detlev Schönauer	ISBN 978-3-934918-94-8
Schwabenland	Holger Hommel	ISBN 978-3-934918-90-0
Tirol	Ludwig Wolfgang Müller	ISBN 978-3-934918-97-9
Westfalen	Mischa-Sarim Vérollet	ISBN 978-3-934918-93-1
Wien	Buchgraber & Brandl	ISBN 978-3-934918-88-7

Projektleitung und Lektorat: Stephan Ditschke
Einbandgestaltung und Satz: David Janik
unter Verwendung von Lizenzmaterial © istockphoto.com/cinoby
Druck und Verarbeitung: CPI – Ebner & Spiegel GmbH, Ulm

Printed in Germany

ISBN 978-3-943176-01-8

Eva Ehley

Sturmflut im Champagnerglas

SYLT

ein Heimatbuch

Weniger als 100 Quadratkilometer zwischen Wind, Watt und Wellen – aber unendlich viel zu entdecken!

Glück im Spiel – Pech in der Liebe: Die Berlinerin Jule hat 20.000 Euro im Lotto gewonnen – kurz nachdem sie von ihrem Freund Max verlassen wurde. Um ihren Frust loszuwerden, beschließt Jule, das Geld auf Sylt auf den Kopf zu hauen – oder auf den »Kopp«, wie man dort oben wohl sagt. Hals über Kopf und Kopf unter Wasser lernt sie den smarten Friesen Morten kennen – gerade als Max ihr wieder den Hof macht ...

Sylt-Krimi-Autorin **Eva Ehley** entführt auf ein Fleckchen Erde, das so viel mehr ist als die Insel der Reichen und Schönen. Zwischen Champagner und Friesentee, Touristen und Fischköppen, reißender Unterströmung und sanft plätschernder Gischt lädt sie dazu ein, sich von Sylt verzaubern zu lassen. Dabei verrät sie Wissenswertes und Geheimtipps – und auch, mit wem Jule schließlich die Sonne am Roten Kliff genießt.

Eva Ehley, geboren in Berlin, war so unvorsichtig, einen Mann zu heiraten, der als Kind sämtliche Sandburgen auf Sylt gebaut hat – nun ist auch sie vom Sylt-Fieber infiziert. Inzwischen hat Eva Ehley mit Mann und Söhnen selbst viele Sommer auf der Insel verbracht. Sie hat den Blick der »echten« Sylter auf ihre Insel ebenso kennenlernen dürfen wie die Schattenseiten des Promi-Tourismus. Sie hat mit dem Buggy, in dem ihr Jüngster saß, versehentlich Karl Lagerfeld vom Bohlenweg gestoßen und Jahre später ihren pubertierenden Söhnen die Ohren zugehalten, wenn selbstgefällige Lebensweisheiten wie »Die erste Million ist immer die schwerste« in der Kampener Whiskymeile zum Besten gegeben wurden.

Irgendwann gewann ihre kriminelle Fantasie die Oberhand. Seitdem lässt sie regelmäßig auf Sylt morden. Ihre ausgesprochen erfolgreiche Krimireihe um den versoffenen Promi-Journalisten Fred Hübner (Fischer Taschenbuch Verlag) ist Kult – und das nicht nur auf Sylt.

Inhalt

Liebesleid und Spielerglück

Berlin

Dieses Buch beginnt nicht auf Sylt. Es beginnt in Berlin, genauer gesagt: in Kreuzberg. Noch genauer gesagt: in einer düsteren Parterrewohnung eines schlecht gepflegten Kreuzberger Hinterhauses. Zwei Zimmer, eine Diele, eine Küche. In einer Ecke der Küche steht eine Plexiglasdusche, die Toilette ist auf der halben Treppe. Ja, so etwas gibt es noch in Berlin, nicht mehr häufig, aber manchmal schon.

Immerhin kann die Mieterin der Wohnung die Toilette allein benutzen, sonst hätte sie die Bude auch nicht genommen. 180 Euro zahlt Jule im Monat für ihre Bleibe. Dafür geht sie auch im Treppenhaus aufs Klo. Schließlich muss sie aufs Geld sehen.

Jule ist 1,70 Meter groß, schlank und ziemlich hübsch. Sie hat dunkelblonde lange Haare, die sie gern zu einem Pferdeschwanz bindet. Ist praktischer so, findet Jule. Sie ist 22 Jahre alt und studiert seit sechs Semestern Geschichte an der Freien Universität.

Und seit drei Wochen spielt Jule Lotto. Zum Trost. Denn vor vier Wochen ist sie von ihrem Freund verlassen worden.

Ach was, Freund! Max war Jules große Liebe. Gleich als sie ihn im letzten Jahr in der Vorlesung über Kleinstaaterei im 19. Jahrhundert entdeckt hat, hat sie sich in ihn verguckt. Zwei Wochen später waren Max und Jule ein Paar. Und was für eins! Jules blonde Mähne und die dunklen Locken von Max, ihr zierlicher und sein kräftiger Körper, ihre temperamentvolle Art und sein hintergründiger Humor. Es war perfekt. Und Jule die glücklichste Frau unter der Sonne.

Bis sie ihren Max vor einem Monat zufällig am Bundespressestrand gesehen hat. Die Sonne ging malerisch hinterm Kanzleramt unter und mitten in ihren blutroten Strahlen stand Max an der Bar und hielt eine glutäugige Schönheit im Arm.

Jule hatte er erzählt, er würde übers Wochenende eine Cousine in Augsburg besuchen. In den zehn Sekunden, die sie brauchte, um sich durch die Menschen zu drängeln und sich vor Max aufzubauen, hoffte sie noch auf irgendeine Erklärung. Vielleicht war die Cousine stattdessen nach Berlin gekommen? Oder sie war krank geworden und hatte alles abgesagt. Max hatte vergessen, Jule davon zu erzählen, und half jetzt nur einem Mädchen, das akute Herzprobleme hatte und rein zufällig neben ihm stand?

Leider war es nicht so. Wenn es nach Max, dem Feigling, gegangen wäre, hätte Jule die ganze Wahrheit vielleicht nie erfahren, aber die Glutäugige war weniger zimperlich. Mit unschuldig aufgerissenen Augen und einem frechen Lächeln in Gesicht klärte sie Jule auf. Sie heiße Helene, komme wie Max aus Bayern und sei seine neue Freundin.

»Seit wann?«, fragte Jule fassungslos.

»Seit zwei Wochen«, erklärte die Glutäugige.

Verzweifelt blickte Jule Max in die Augen. »Warum hast du nichts gesagt?«

»Ich kann es doch nicht ertragen, wenn du unglücklich bist«, antwortete Max und griff nach Helenes nackter Schulter, als wolle er sich darauf abstützen.

Jule zögerte nicht lange. Sie holte aus und haute Max, ihrer großen Liebe, eine runter und seiner neuen Flamme gleich mit. Dann drehte sie sich auf dem Absatz um und rannte weg.

Seitdem heult Jule. Morgen, mittags, abends. Und nachts auch.

Nur wenn sie zum Zeitungsladen an der Ecke geht, um Schrippen zu kaufen, bemüht sie sich, die Tränen zu trocknen. Mosen, der iranische Besitzer, hat natürlich trotzdem gleich gesehen, was los ist. Und hatte auch sofort die Lösung für Jules Probleme parat. Jule brauchte Geld. Viel Geld. Reiche Leute sind nämlich immer glücklich, davon war Mosen überzeugt. Er drängte Jule dazu, Lotto zu spielen. Den ersten Schein spendierte er ihr sogar. Wahrscheinlich ist Mosen ein bisschen in Jule verliebt. Da er aber fast 60 ist, Vater von vier nichtsnutzigen Kindern, außerdem Opa von neun rotznasigen Enkeln und seit über 40 Jahren unglücklich verheiratet, besteht die Hoffnung, dass dieser Umstand sein kleines Geheimnis bleibt.

Der Tipp mit dem Lotto war jedenfalls hilfreich. Denn in den folgenden Wochen ging es Jule wenigstens am Samstagabend gut. Etwa drei Minuten lang. So lange brauchte es, bis der Trailer über die Glotze gelaufen, die Moderatorin die virtuell anwesende Gemeinde der Glückssucher begrüßt hatte und die erste oder spätestens die zweite Kugel, die im falschen Zahlenröhrchen gelandet war, Jules Hoffnung auf plötzlichen Reichtum für diese Woche begraben hatte.

Doch gestern war alles anders. Die erste Kugel saß, die zweite auch. Als Jule gerade dachte, sie würde einen

Herzinfarkt bekommen, kamen zwei Nieten. Jule erholte sich so weit, dass sie wieder hoffen konnte. Und schon folgte ein weiterer Treffer. Und danach gleich noch einer. Jule hatte vier Richtige. Und der Schein gehörte ihr allein. Tippgemeinschaften seien etwas für Feiglinge, hatte Mosen gemeint. Außerdem hatte Jule die Nase voll von Gemeinschaften.

Vier Richtige, was das wohl hieß? Ein Blick ins Internet verschafft Jule Klarheit. Um die 40 Euro würde sie gewinnen, jedenfalls, wenn es auch Fünfer- und Sechsertreffer gegeben hatte. Und die Erfahrung hatte Jule gelehrt, dass es immer Leute gab, die mehr Glück hatten als sie selbst.

Gleich am Morgen geht Jule zu Mosen und erzählt ihm von ihrem Gewinn. Er macht ein geheimnisvolles Gesicht und verschwindet kurz im Hinterzimmer des Ladens. Als Mosen nach fünf Minuten zurückkommt, strahlt er.

»Kein Fünfer, kein Sechser in dieser Woche«, verkündet er aufgeregt.

»Und? Was heißt das?« Jule zählt die Sekunden, bis Mosen sich zu einer Antwort herablässt. Er nimmt sich Zeit, kommt gemächlich hinter seinem Tresen hervor, baut sich vor Jule auf und stemmt die Arme in die Seiten.

»20.000«, schmettert er mit Triumph in der Stimme.

»Das ist nicht wahr!« Jule bleibt die Luft weg.

Mosen lacht. »Ist doch wahr! Ist erste Mal in diesem Jahr, dass keine Hauptgewinne.«

Jule lässt sich auf den klapprigen Küchenstuhl fallen, der immer in der Ecke von Mosens Laden steht und auf dem für gewöhnlich die alten Muttchen sitzen, wenn sie ihren Morgenplausch mit dem Zeitungshändler halten.

»Du bist jetzt reich«, verkündet Mosen mit so viel Stolz in der Stimme, als wäre das alles sein ganz persönlicher Verdienst. Und ein bisschen ist es ja auch so.

Jule springt auf und nimmt Mosen in den Arm. Sie drückt ihn fest und schmatzt ihm zwei Küsse links und rechts auf die Wangen. Mosen wird rot. Jule lacht.

»Hey, das müssen wir feiern. Ich laufe zur Tankstelle rüber, da haben sie gekühlten Sekt. Hast du Gläser?«

Mosen nickt.

Der restliche Vormittag gleitet wie in einen leichten Schleier gehüllt an Jule vorüber. Immer wieder stoßen sie an, der ersten Flasche folgt eine zweite, auch Mosens andere Kunden bekommen etwas ab. Bald nimmt Jule ihre Umgebung nur noch wie durch einen Nebel wahr. Es ist ein angenehmer warmer Nebel, in dem sich außer Jule noch ein paar Fantasiebilder aufhalten. Ein indischer Tempel, den Jule auf einer Asienreise besucht. Eine neue Wohnung mit Innenklo und Zentralheizung. Ein schickes Auto mit offenem Dach, durch das immer nur die Sonne scheint. Gegen zwei Uhr mittags dreht sich die ganze Welt in einem fort um Jule, dabei würde sie sie doch so gern umarmen.

»Du hast zuviel getrunken«, erklärt Mosen grinsend und schickt Jule nach Hause. Als sie sich weigert, wird er richtig streng. Zurück in ihrer Wohnung fällt Jule sofort aufs Bett und schläft ein. Erst danach kann sie nachdenken, wenn auch mit schmerzendem Schädel. 20.000 Euro hat sie gewonnen und tatsächlich den ganzen Vormittag über nicht an Max gedacht. Wenn das kein gutes Zeichen ist! Jetzt muss sie nur noch das Richtige anstellen mit dem Geld, dann wird das Glück sich auch sonst einstellen. Eines ist Jule ziemlich schnell klar: Sparen kommt nicht in Frage. Davon ist ganz bestimmt noch niemand glücklicher geworden. Höchstens reicher, aber darum geht es ja nicht.

Jule will's krachen lassen. Gleich am Dienstag gehen 13.000 Euro für einen knallroten Fiat 500 drauf. Mit

Stoffverdeck. Den Wagen fand Jule schon immer toll und ihre alte Knatterkiste ist ohnehin schrottreif.

Bleiben noch 7.000 Euro. Und die fette Depression, die sich leider auch mit ausgedehnten Spritztouren durch Berlin und die nähere Umgebung nicht bekämpfen lässt. Im Gegenteil. Überall sind Jule und Max schon gemeinsam gewesen. Egal, wo sie aussteigt, immer sieht sie Max an der nächsten Ecke stehen. Natürlich mit der Glutäugigen im Arm. Helene. Wenn Jule den Namen nur hört! Wie klassisch sich das anhört, wie gediegen – und das auch noch in Kombination mit diesem Aussehen. Was Maxens Helene sonst so treibt, will Jule gar nicht erst wissen.

Jule selbst treibt auch nicht mehr viel, zur Uni geht sie jedenfalls nicht. Könnte ja sein, dass ihr Max dort über den Weg läuft. Außerdem sind sowieso bald Semesterferien und Jule will weg. Verreisen. Allein.

Aber wohin? Italienisch spricht sie nicht, Französisch auch nicht. In England regnet's zu viel und Spanien ist ihr zu touristisch. Ballermann mit 7.000 Euro in der Tasche? Nein danke. Jule will es edler haben. Und am liebsten auch das neue Cabrio mitnehmen. Und nicht ewig Auto fahren. Also Deutschland ... vielleicht Sylt? Ja, das ist es!

Bei dem Gedanken an die sagenumwobene Insel geht es Jule gleich besser. Es wird Max noch leidtun, dass er sie für irgendeine blöde Kuh verlassen hat. Und – was noch viel wichtiger ist: Soviel sie weiß, war Max noch nie auf der Insel. Alles, was sie erleben wird, kann sie ganz für sich allein genießen. Hofft Jule.

Leider weiß sie fast nichts über Sylt, aber sie kann ja lesen. Der Reiseführer kostet 14 Euro und hat über 500 Seiten. Mehr Buch fürs Geld gibt's selten.

Jetzt hat Jule noch 6.986 Euro.

Sie beschließt, den Reiseführer, den sie insgeheim Michi nennt und abends mit ins Bett nimmt, von vorn bis hinten durchzulesen. Vor der Reise. Nach drei Seiten schläft sie ein. So viel zum Thema »gute Vorsätze und ihre Umsetzung«. Also stopft Jule Michi ins Bücherregal zu den Vorlesungsmitschriften und dem Karton mit den Liebesbriefen von Max und macht sich an die Reisevorbereitungen.

Was soll sie bloß mitnehmen? Und wie lange wird sie überhaupt auf der Insel bleiben? Bis das Geld alle ist, beschließt Jule. Was hat sie schon zu verlieren? Außerdem hätte sie hinterher was zu erzählen. Das nächste Semester kommt bestimmt und es ist nicht wahrscheinlich, dass Max aus Rücksicht auf sie das Studienfach wechselt. Jule wird ihn also wiedersehen. Vielleicht ist er ja sogar beeindruckt von ihren Ferienerlebnissen?

Aber wie weit kommt man mit 6.986 Euro auf Sylt? Sollte sie vielleicht das nächste Semester ganz absagen? Oder wird sie schon nach drei Wochen pleite sein?

Jetzt holt Jule Michi wieder aus dem Regal. Doch der ist beleidigt und zeigt sich spröde. Preise? Die können sehr unterschiedlich sein. Ach was, darauf wäre Jule zur Not auch selbst gekommen. Und das Wetter? Hier ist Michi schon kooperativer, wenn auch nicht viel. Alle Wetter, verkündet er und grinst hinterhältig.

Sonne und Wind

Kofferpacken

Als Erstes präsentiert Michi ihr eine Tabelle. Mit Durchschnittswerten. Jule hasst Tabellen, da hätte sie auch gleich Mathematik studieren können. Die hier sieht sie sich trotzdem an.

Das Klima auf Sylt

	Lufttemperatur in °C	Wassertemperatur in °C	Sonnenstunden pro Tag	Regentage
Jan.	0,8	4	2	12
Feb.	0,4	3	3	9
März	2,3	5	4	8
Apr.	6,4	6	6	8
Mai	10,8	10	7	7
Juni	14,2	13	9	7
Juli	16,4	17	8	9

	Lufttemperatur in °C	Wassertem-peratur in °C	Sonnenstunden pro Tag	Regentage
Aug.	16,6	17	7	12
Sep.	14,2	16	5	12
Okt.	10	13	3	13
Nov.	5,9	9	2	14
Dez.	3	6	2	13

Wenn es irgendwann wirklich Sommer auf der Insel ist, dann jetzt, lernt Jule. Auch wenn sie nicht verstehen kann, warum es schon im August so viel regnet. Das ist doch nicht normal, oder? Michi weiß auf diese Frage auch keine Antwort, kann ihr aber erklären, dass der Golfstrom für das ausgeprägte Seeklima verantwortlich ist.

Jule erinnert sich dunkel an ihren Geografieunterricht. Seeklima: warme Winter, kühle Sommer. Das hat etwas mit der Geschwindigkeit zu tun, mit der sich Erde und Wasser erwärmen oder abkühlen. Bei der Erde geht das ziemlich schnell, beim Wasser langsam. Deshalb ist das Klima auf Inseln und an Küsten ausgeglichener und schwankt weniger stark. Für den Winter mag das ja im Norden ganz angenehm sein, aber im Sommer ist es eher ärgerlich, überlegt Jule.

Vielleicht wäre Mallorca doch besser gewesen? Nein, jetzt hat sie sich entschieden, jetzt zieht sie den Sylt-Urlaub auch durch. Einen Trost hat Michi immerhin zu bieten: Dass die Insel etwa 150 Stunden mehr Sonnenschein im Jahr aufweisen kann als der Bundesdurchschnitt, liegt an der flachen Landschaft. Die Wolken ziehen einfach darüber hinweg und stauen sich nicht so schnell. Dann ist der viele Wind wenigstens zu irgendetwas gut, denkt Jule sich. Doch die Frage nach dem Sommerregen ist damit noch immer nicht geklärt.

Als Erstes packt Jule ihren Knirps in den Koffer. Sicher ist sicher. Dann denkt sie, dass der Wind ihr bestimmt den Schirm um die Ohren hauen wird. Eine Regenjacke hat sie nicht, zur Not muss sie die eben auf der Insel kaufen. Aber vielleicht hat sie ja Glück und es gibt einen Ausnahmesommer.

Optimismus siegt, denkt Jule und wendet sich entschieden den schönen Dingen zu. Jede Menge Flatterkleider, Flip Flops, Sandalen, zwei dicke Pullover und eine Jeans wandern ins Gepäck. Bikinis natürlich auch. Obwohl man auf Sylt ja auch nackt baden kann, hat sie gehört. Aber das sieht sie sich lieber erst mal aus der Nähe an.

FKK auf Sylt

Seit 1920 kann man auf der Insel nackt baden. Damit war Sylt Vorreiter für ganz Deutschland – bis die Nationalsozialisten dem »unmoralischen Treiben« ein Ende machten. Der nächste Boom kam mit der 68er-Bewegung. Der Kampener FKK-Strand an der Buhne 16 wurde ebenso berühmt wie berüchtigt. Heute ist das textillose Schwimmen während der frühen Morgenstunden überall auf der Insel auch außerhalb der dafür vorgesehenen Strandabschnitte möglich und durchaus üblich. Tagsüber bieten sich für echte FKK-Freunde folgende Strände an:

- **List:** Am mehr als drei Kilometer langen Strand am Lister Ellenbogen lassen sich leicht einsame Plätzchen finden. FKK ist fast überall möglich. Achtung: Das Baden, egal ob bekleidet oder nackt, ist generell nur an Abschnitten mit Rettungsschwimmern erlaubt, die Strömung sollte nicht unterschätzt werden.

- **Kampen:** Am Strandabschnitt um die Buhne 16 tummeln sich bis heute neben ganz normalen FKK-Freunden auch die Reichen und Schönen der Republik. Obwohl das Areal als offizieller Nacktbadestrand ausgewiesen ist, ist etwa ein Drittel der Badegäste bekleidet. Die Zeiten, in denen die Nackten angezogene Strandläufer eingekreist und mit lauten »Ausziehen, ausziehen!«-Rufen unter Druck gesetzt haben, sind längst vorbei.
- **Wenningstedt:** Zwischen Wenningstedt und Kampen erstreckt sich ein kürzerer FKK-Abschnitt unterhalb des Roten Kliffs.
- **Rantum:** Die Strandabschnitte Samoa und Sansibar haben jeweils eigene Nacktbadestrände.
- **Hörnum:** Hier gibt es einen großen und nicht so überfüllten FKK-Strand, aber kaum Parkplätze. Der Fußweg vom Hörnumer Ortskern aus dauert eine Viertelstunde.

Wahrscheinlich ist ihr das Wasser sowieso zu kalt. 17 Grad, das klingt nicht gerade nach Badewannentemperatur. Aber vielleicht heizen einem ja die Wellen ein. Die Insel gilt schließlich als Surferparadies. Da kann man schon einiges an Seegang erwarten. Jule ist gespannt. Wellenspringen hat sie schon als Kind gemocht. Vielleicht sollte sie einen Bademantel mitnehmen, zum Aufwärmen hinterher?

Gedacht, getan. Und was braucht sie noch? Feste Schuhe? Hat sie nur Stiefel und Sneakers. Also die Sneakers. Dazu noch ein paar T-Shirts, und das war's dann.

Am Abend vor der Abfahrt tankt Jule ihr neues Auto voll. Schon wieder 60 Euro weg.

Jetzt hat Jule noch 6.926 Euro.

Honda und Maybach

Der Hindenburgdamm

Nach drei Staus und zwei Beinaheunfällen kommt Jule endlich in Flensburg an. Es hat auf der ganzen Strecke genieselt, und jetzt wächst sich der Niederschlag zu einem ordentlichen Landregen aus. Na toll, denkt Jule, als sie an der Ausfahrt Harrislee von der Autobahn abfährt, das Wetter passt schon mal nicht zum Cabriolet. Dafür umso besser zu ihrer Stimmung. Liebeskummer und Dauerregen, das kann ja heiter werden. Und weil der Rest des Weges gut ausgeschildert ist, kann sich Jule eine halbe Stunde lang ihrer Melancholie hingeben, während sie über Landstraßen immer den weißen Autozugschildern nach Niebüll folgt.

Es gibt zwei Möglichkeiten, nach Sylt zu kommen, Michi war in dieser Hinsicht sehr auskunftsfreudig. Man kann über die Grenze nach Dänemark, dann auf die Insel Rømø fahren und mit der Fähre nach List übersetzen. Das ist 20 Euro billiger und dauert eine gute Stunde länger als der Weg mit dem Autozug. Falls man die Fähre gleich erwischt. Falls nicht, sitzt man zwei Stunden am Hafen von Rømø fest. Dazu hat Jule keine Lust. Außerdem ist die andere Anreisevariante der Klassiker: Ab Niebüll auf den Autozug und dann direkt über den Hindenburgdamm nach Westerland. Etwas teurer, aber bequem. Genau das Richtige für mich, denkt Jule. Bis sie plötzlich die Bremslichter von Hunderten von Autos sieht. Und schon steht sie mitten auf der Landstraße im Stau.

Frustriert schaut sie sich die anderen Autos in der Schlange an. Teure Autos. Autos, die ganz offensichtlich auch alle nach Sylt wollen. Autos, die sich schon drei Kilometer vor der Einfahrt zur Verladestation stauen. Jule wartet 20 Minuten, ohne sich auch nur einen Meter vorwärtszubewegen. Es ist vier Uhr nachmittags, sie ist um zehn am Morgen in Berlin aufgebrochen. Nach einem gemütlichen Frühstück. Wahrscheinlich haben das alle anderen auch so gemacht. Um acht hätte sie losfahren sollen. Oder vielleicht sogar um sechs. Jule wirft Michi, der auf dem Beifahrersitz liegt, einen bösen Blick zu. Hättest du ja auch gleich sagen können!

Hättest du dir aber auch selbst denken können, höhnt Michi. Es ist Samstagnachmittag, um diese Zeit sind auch die Gäste aus Süddeutschland und der Schweiz endlich in Flensburg angekommen, außerdem gibt es doch jedes Wochenende einen Wechsel bei den Ferienwohnungen. Was erwartest du denn?

Jule flucht und überlegt, ob sie doch noch umkehren und zurück auf die Autobahn fahren soll. Stattdessen greift sie zum Handy. Nicht, dass es geklingelt hätte. Es hat in den letzten Wochen überhaupt viel zu selten geklingelt. Früher hat Max sie ständig angerufen und zum Lachen gebracht. Jetzt lacht wahrscheinlich nur noch die dumme Helene. Vielleicht sogar über Jule, die so blöd war, noch nicht mal zu merken, dass ihr Freund längst eine andere hatte.

Natürlich gibt es wieder keine Nachricht von Max. Keinen Anruf, keine Mail, noch nicht mal eine popelige SMS: »Wie geht es dir, melde dich mal.« Oder: »Tut mir leid, dass ich dir wehgetan habe.« Oder: »Ich bereue alles unendlich – können wir uns treffen?« Wäre ja möglich, denkt Jule. Ist aber nicht so.

Ohne dass sie es bemerkt hat, haben sich Tränen in ihren Augen gesammelt. So viele, dass Jule fast gar nicht mehr sehen kann, was vor ihr auf der Straße passiert. Viel ist es ohnehin nicht. Alle Wagen in der Schlange fahren jetzt drei Meter nach vorn, und das war's dann auch schon wieder. Wenn das so bleibt, ist sie übermorgen noch nicht da. Voller Selbstmitleid stellt sich Jule vor, wie sie elendiglich auf einer Bundesstraße in Schleswig-Holstein verhungert. Oder verdurstet. Das geschähe Max ganz recht, denkt sie gerade und stellt ihn sich tränenüberströmt bei ihrer eigenen Beerdigung vor, als sich plötzlich etwas auf der Abbiegerspur rechts von ihr tut.

Ein Friese fährt in seinem klapprigen Honda langsam an den wartenden Autos vorbei. Der Wagen vor Jule ist ein Maybach. Breit wie ein Panzer und zweifarbig lackiert. An der Heckscheibe hat er Gardinen zum Zuziehen. So etwas hat Jule noch nie gesehen, noch nicht mal im Autoquartett ihres kleinen Bruders. Sie findet das ein bisschen affig, aber den Friesen scheint das nicht zu stören. Er bremst direkt neben dem Panzer und gestikuliert wild. Eine blonde Frau mit Samtschleife im Nackenzopf, deren Alter Jule unmöglich schätzen kann, steckt den Kopf aus dem Beifahrerfenster des Maybachs. Der Friese sagt irgendetwas und grinst. Obwohl die Blonde nicht so wirkt, als würde sie normalerweise mit Hondafahrern verkehren, schenkt sie dem Friesen ein charmantes Lächeln und nickt begeistert. Daraufhin setzt der Friese seinen rechten Blinker und biegt ab. Der Maybach schert aus und fährt dem Honda hinterher. Jule zögert, dann verlässt auch sie die Hauptstraße und folgt den beiden Wagen durch Wohngebiete, Tempo-30-Zonen und über einen Feldweg. Es geht im großen Bogen um die Warteschlage herum.

Kurz überlegt Jule, ob sie vielleicht einem Drogenkartell auf der Spur sein könnte, doch dann erreichen Honda und Maybach nach einem letzten Schlenker den Vorplatz der Autofähre. Rechts sind die Kassenterminals, links ist der Stau. Der Friese quetscht seinen Honda in die Autoschlange und sperrt beim nächsten Vorrücken dem Maybach den Weg frei. Die Blondine reicht ihm graziös 20 Euro aus dem Fenster. So läuft das also, denkt Jule, Cash gegen Schleichweg. Fast erwartet sie, dass der Typ anschließend noch bei ihr abkassieren wird. Aber da hat sie sich getäuscht. Friesen haben auch ihren Stolz. Als sie sich mühsam ebenfalls in die Schlange drängelt, erntet sie gleich zwei böse Blicke auf einmal. Einen von dem Friesen als Abschiedsgruß, bevor er davonbraust, vermutlich um den nächsten Urlauber um 20 Euro zu erleichtern. Und einen zweiten bösen Blick gibt es von dem ziemlich gequält dreinschauenden Familienvater hinter Jule, der in seinem schweren Porsche Cayenne bestimmt schon seit drei Stunden im Stau gestanden hat und jetzt auch noch den Zweikampf gegen ihren mickrigen Fiat 500 verlieren muss.

Von nun an geht alles recht schnell. Jule drückt 84 Euro für die Hin- und Rückfahrt ab, dann rauscht sie über scheppernde Metallbrücken auf den schmalen Transportwaggon. Der Einweiser winkt sie sogar aufs obere Deck, das findet Jule super, so hat sie den vollen Überblick.

Bevor es losgeht, zählt sie ihr Geld. Kein Witz, Jule hat tatsächlich alles dabei, bis auf den letzten Cent. Der dicke Packen 100-Euro-Scheine gibt ihr Mut. Außerdem beruhigt er sie. Was soll ihr schon geschehen, außer dass er vielleicht schneller schrumpft als erwartet? Bis eben waren es noch 69 Scheine, jetzt ist es schon einer weniger. 6.842 Euro sind aber auch noch viel Geld, tröstet sich Jule.

Dann setzt sich der Zug ruckelnd in Bewegung und nimmt schnell Fahrt auf. Zunächst geht es nur über Land. Jule sieht nichts als Felder und vereinzelte Bäume. Rot geziegelte Giebelhäuser, graue Scheunen, weiße Scheunen, dazwischen Solarkollektoren in langen Reihen. Und Windräder. Doch nach zehn Minuten entdeckt Jule das erste Wasser – nein, das ist doch noch nicht die Nordsee, nur ein Teich. Aber die Wege sehen sumpfig aus, vielleicht vom Regen der letzten Tage, vielleicht aber auch wegen des nahen Wattgebiets. Und Bauernhöfe sind jetzt auch nicht mehr zu finden. Selbst die Bäume werden seltener, sind kleiner, knorrig, windgebeugt. Wehende Äste, schillernde Blätter, Schafe auf den Wiesen. Deichlamm, die Bezeichnung kennt Jule nur von Speisekarten, jetzt sieht sie die niedlichen Wollpakete friedlich grasen. Jule beschließt, auf der Insel nur Fisch zu essen.

Plötzlich verschwimmt der Horizont im Nebel, ein letztes Gehöft, dann tatsächlich ein Deich, quer zum Autozug und grasbewachsen. Dahinter noch einige Wiesen mit Rindern, mächtige braune und schwarze Leiber, gesenkte Köpfe, grasend. Dann sind da nur noch Wasserflecken, die immer breiter werden, sich ausweiten zu einer feuchtsandigen Ebene, die durchzogen ist von länglichen rasterförmig angelegten flachen Hügeln. Landgewinnung, denkt Jule und erinnert sich an die Fotos in ihrem Erdkundebuch.

Jetzt ist der Autozug allein zwischen Schlick, Salzwiesen und Watt. Nur die Möwen staksen selbstherrlich zwischen den Gräsern hindurch. Und bald müsste doch auch die Insel zu sehen sein. Neugierig späht Jule nach vorn.

Erhebt sich da nicht schon was am Horizont? Oder ist das nur die Spiegelung der Sonne, die jetzt durch die Wolken bricht und das Wasser schillern lässt?

Nein, da ist Land! Zuerst links, einzelne Dächer und ein Sendemast zeichnen sich gegen den Himmel ab, auch die Grasstreifen seitlich des Damms werden jetzt wieder breiter, Möwen turnen darauf herum, niemand macht ihnen ihr Land streitig. Noch. Plötzlich ist der Sendemast rechts, Jule hat nichts von einer Kurve bemerkt, das Land wird höher, baut sich als Damm zu beiden Seiten der Bahntrasse auf und ist jetzt auch wieder dichter bewachsen.

Das also ist Sylt, denkt Jule und schickt Michi einen fragenden Blick. Sieht doch aus wie das restliche Schleswig-Holstein, oder? Wart's ab, grinst Michi, lässt sich aber zu weiteren Erläuterungen nicht hinreißen. Jule vergegenwärtigt sich den Grundriss der Insel. Ein schmaler, leicht gekrümmter Streifen mit einem langen Wurmfortsatz in der Mitte, der wie ein ausgestreckter Finger nach rechts zeigt. Auf diesem Finger befindet sie sich gerade.

Im Osten der Insel, erklärt Michi jetzt vom Beifahrersitz, waren die Widerstände vor dem Bau des Hindenburgdamms besonders stark. Klar, denkt Jule, so eine fette Bahntrasse direkt durchs schönste Weideland, das muss man auch nicht mögen.

Der Hindenburgdamm

Nach der Ernennung Westerlands zum Seebad im Jahr 1910 verstärkte sich der Fremdenverkehr auf der Insel. Erste Planungen für eine Verbindung zum Festland entstanden, wurden jedoch durch den Ersten Weltkrieg unterbrochen.

Damals konnte man Sylt im Sommer innerhalb von drei Stunden erreichen, etwa mit einem Raddampfer vom dänischen Højer Sogn bis zum Sylter Hafen Munkmarsch. Im Winter benötigte man für die gleiche Strecke aber im ungünstigsten Fall, wenn sich das Eis im Wattenmeer zu einer Barriere zusammenschob, bis zu drei Tage. Trotzdem gab es entschiedenen Widerstand gegen den Bau eines Damms. Vor allem die Bewohner des Inselostens befürchteten Schäden für die spezielle Kultur und Natur der Insel, gab es doch ursprünglich Pläne, Steine für den Bau des Damms aus dem Morsum-Kliff zu brechen.

Trotz aller Widerstände begannen die Bauarbeiten im Mai 1923. Vom schleswig-holsteinischen Festland aus rammten bis zu 1.500 Arbeiter sechs Meter lange Pfähle ins Watt. Aufgefüllt wurde mit schwerem Kleiboden, die Seiten wurden durch Granitsteine gesichert. Nach etlichen Rückschlägen, darunter auch die zwischenzeitliche Zerstörung durch eine Sturmflut, wurde der elf Kilometer lange Damm am 1. Juni 1927 vom damaligen Reichspräsidenten Paul von Hindenburg eingeweiht und in der Folge nach ihm benannt. Durch Landgewinnungsmaßnahmen liegen inzwischen nur noch knapp acht Kilometer des Damms im Wattenmeer.

Von Anfang an war die Trasse ausschließlich dem Eisenbahnverkehr vorbehalten. Zunächst nur eingleisig angelegt wurde die Strecke später durchgehend zweigleisig ausgebaut. Heute verkehren bis zu 120 Züge täglich zwischen Niebüll und Westerland, wobei mehr als die Hälfte dem Autotransport dienen: Pro Jahr werden rund 900.000 Fahrzeuge über den Hindenburgdamm befördert. Die Fahrzeit über den Damm selbst beträgt zwölf Minuten, während die gesamte Strecke zwischen den beiden Autoverladestationen in 45 Minuten zurückgelegt ist.

Morsum, liest Jule auf einem Bahnhofsschild, das rasend schnell an ihrem Autofenster vorbeirauscht. Bald darauf liegt rechts der Bahnhof von Keitum. Jule sieht die ersten Reetdachhäuser und wenig später eine Kirche in der Landschaft. Das ist die Kirche St. Severin, erklärt Michi. Dort gibt es den ganzen Sommer über die unterschiedlichsten Konzerte und auf dem Friedhof liegen neben vielen anderen Prominenten der *Spiegel*-Begründer Rudolf Augstein und der Verleger Peter Suhrkamp begraben. Dann sind Dorf und Kirche auch schon verschwunden und haben schmucklosen Reihenhäusern Platz gemacht. Wenig später führen viele Gleise parallel nebeneinanderher, hinter ihnen liegen die Rückfronten von hässlichen Einkaufszentren, flache Hallen aus Wellblech oder einfachem Klinker, Lidl, Aldi und etliche Outlets. Große Plakatwände werben für Apollo-Optik und KiK. Links vorn erscheinen weiße Hochhäuser, davor steht eine Backsteinkirche.

Westerland scheint schon mal kein Reetdachdorf zu sein, denkt Jule, als der Zug zum Stehen kommt, und ist ein bisschen enttäuscht. Irgendwie hat sie sich ihre Ankunft auf der Promi-Insel spektakulärer vorgestellt.

Reich und schön

Kampen

Kaum ist Jule vom Autozug heruntergerollt, muss sie sich entscheiden: Eine Ampelphase lang hat sie Zeit, zu überlegen, ob sie nach links in Richtung Westerland, nach rechts in Richtung Keitum oder geradeaus in Richtung Kampen und List fahren soll. Die Westerländer Hochhäuser ziehen sie nicht besonders an, Keitum hat sie schon vom Zug aus gesehen, also fährt sie geradeaus. Schnurgeradeaus. Die breite Straße führt genau in Richtung Norden, rechts liegt der Inselflughafen, links sind anfangs Klinkerhäuser, dann nur noch Wiesen und die Heide. Jule schiebt ihr Verdeck auf, und schnell füllt die würzige Luft den Fiat.

Von Wenningstedt, einem Ort, in dem manchmal ihre Großeltern Urlaub gemacht haben, sieht Jule nur eine Ampelkreuzung und einen riesigen Supermarkt mit einem noch größeren Parkplatz davor. Michi belehrt sie, dass es noch eine zweite Verbindung zwischen Westerland und Wenningstedt gibt. Die alte Landstraße führt mitten durch die Wohngebiete und wurde durch den Bau der Umgehungsstraße vom Massenverkehr entlastet. Jule soll das recht sein, denn hier auf der Umgehungsstraße kommt man wirklich schnell voran. Sie spürt, dass sie noch die Geschwindigkeit der Großstadt im Blut hat. Mit dem nächsten Gasgeben ist sie schon an der Ortsgrenze von Kampen.

Hier stehen die Häuser weit auseinander, jedes ist so niedrig, als würde es sich ducken, und zusätzlich mit einem tief sitzenden Reetdach versehen. Sieht wirklich allerliebst aus. Genau so hat Jule sich die Insel vorgestellt.

Reetdächer in Kampen

Ein Reetdach ist teuer. Die Eindeckung eines Einfamilienhauses ist nicht unter 30.000 Euro zu haben. Dafür hält das Dach auch 40–60 Jahre. Und es sorgt für ein gutes Klima im Haus. Es kühlt im Sommer und hält im Winter die Wärme. Früher schnitt man das Schilfrohr für die Reetdächer sogar noch in Kampen, zum Beispiel an der Vogelkoje. Heute kommt das meiste Reet aus Osteuropa. Die Bündel werden von Hand geöffnet und gerade ausgerichtet. Dann wird das Reet mit Haken an den Dachbalken befestigt und mit Draht vernäht. Anschließend wird die Fläche durch Klopfen geglättet. Beim fertigen Dach ist die Reetschicht auf dem First etwa 30 Zentimeter dick, während sie an der Außenkante knapp 40 Zentimeter misst.

Seit 1913 muss in Kampen jedes neu gebaute Haus aus Rotbrandklinker errichtet und mit Reet gedeckt werden, souffliert Michi vom Beifahrersitz aus. Auch darf eine gewisse Größe nicht überschritten werden. Außerdem sollten die Häuser einen Mindestabstand voneinander haben, damit der Charakter einer Streusiedlung erhalten bleibt. Das war Kampen nämlich mal, bevor die Schickeria hier eingefallen ist.

Jule ist begeistert vom Anblick des hübschen kleinen Örtchens und bemerkt erst auf den zweiten Blick, was sich hinter vielen der niedlichen Fassaden verbirgt, nämlich Geschäfte. Nein, keine Fleischer oder Fischhändler, sondern Nobelläden. Links Hermès, rechts Otto Kern, wieder links Bulgari und Joop. Gegenüber ein flaches weißes Gebäude: Kaamp-Hüs, liest Jule und darunter: Kurverwaltung. Hier ist sie richtig. Jule bremst und sucht einen Parkplatz. Hoffentlich haben die noch ein Zimmer für sie.

Die nette junge Frau hinter dem Tresen heißt Inken Jepsen und schüttelt ungläubig den Kopf. »Sie haben wirklich nichts reserviert? Es ist schließlich Hochsaison, unsere Gäste buchen manchmal sogar zwei Jahre im Voraus, wenn es um eine bestimmte Unterkunft geht.«

Jule schweigt. Was soll sie dazu auch sagen? Sie weiß ja noch nicht einmal, wo sie in zwei Jahren in Berlin wohnen wird. Doch da hellt sich Inkens Miene auf.

»Sie haben unglaubliches Glück«, verkündet sie mit Blick auf ihren Computerbildschirm. »Im Walter's Hof gibt es noch eine freie Junior-Suite für diese Nacht. 380 Euro ohne Frühstück. Soll ich das für Sie festmachen?«

Jule schluckt. 380 Euro? So viel Miete zahlt sie in zwei Monaten nicht. »Haben sie nichts Günstigeres?«

Inken mustert sie über den Tresen hinweg. »Vielleicht fragen Sie mal in Tinnum nach«, rät die junge Frau.

»Tinnum? Da bin ich vom Autozug gefahren. Das ist da, wo Aldi und Lidl sind, oder?«

»Ganz recht. Die haben andere Preise. Da kriegen Sie was ab 45 Euro die Nacht. Ist aber wahrscheinlich genauso ausgebucht.«

»Okay, ich bleibe hier«, entscheidet Jule, schließlich ist es ihre erste Nacht auf der Insel.

Fünf-Sterne-Hotels auf Sylt

Resort A-Rosa
Listlandstraße 11, List
Tel. 04651 / 96 75 09 92, www.resort.a-rosa.de

Walter's Hof
Kurhausstraße 23, Kampen
Tel. 04651 / 989 60, www.walters-hof.de

Village
Alte Dorfstraße 7, Kampen
Tel. 04651 / 469 70, www.village-kampen.de

Hotel Miramar
Friedrichstraße 43, Westerland
Tel. 04651 / 85 50, www.hotel-miramar.de

Fährhaus
Bi Heef 1, Munkmarsch
Tel. 04651 / 939 70, www.faehrhaus-hotel-collection.de

Benen-Diken-Hof
Keitumer Süderstraße 3–5, Keitum
Tel. 04651 / 938 30, www.benen-diken-hof.de

Landhaus Stricker
Boy-Nielsen-Straße 10, Tinnum
Tel. 04651 / 88 990, www.landhaus-stricker.de

Dorint Söl'ring Hof
Am Sandwall 1, Rantum
Tel. 04651 / 83 62 00, www.soelring-hof.de

Hotel Budersand
Am Kai 3, Hörnum
Tel. 04651 / 460 70, www.budersand.de

»Der Walter's Hof ist eines der besten Hotels der Insel, das werden Sie schnell merken. Es liegt in der Kurhausstraße, das ist da drüben rechts, dann immer geradeaus dem Meer entgegen. Fünf Minuten zu Fuß, wenn man die Geschäfte ignoriert. Zwei Stunden, wenn man noch einen Shopping-Trip einschiebt. Manche brauchen aber auch Tage für die Strecke«, erklärt Inken Jepsen und rollt die Augen.

Meint sie das ernst?, fragt sich Jule und lässt ihr Auto stehen. Vielleicht wollen die am Walter's Hof für den Parkplatz auch noch Geld. Und wofür hat sie schließlich den Rollkoffer?

So etwas scheinen die Flaneure in Kampen allerdings noch nie gesehen zu haben. Jule fühlt sich wie ein Marsmensch, als sie polternd an den Geschäften vorbeizieht. Mitleid ist noch das Freundlichste, was sie aus den Mienen der Sommergäste herauslesen kann. Immerhin begreift sie schnell, worum es hier geht. Size Zero scheint für die shoppenden Damen alles andere als ein Fremdwort zu sein. In den Augen, mit denen sie die Schaufenster mustern, liegt der gleiche Hunger, der vermutlich auch ihren Magen quält.

Wo sie schon einmal hier ist, gönnt sich auch Jule den einen oder anderen Blick in die Auslagen. Ein Brillantarmband für 40.000 Euro? Kein Problem. Ein Schlangenledergürtel für 1.200 Euro? Ist ja dagegen fast geschenkt. Und die niedliche giftgrüne Pudelmütze mit dem Bommel aus rosa Kaninchenfell für 320 Euro ist mit Sicherheit ein Schnäppchen.

Kopfschüttelnd bleibt Jule stehen. Dann sieht sie sich gründlich um. Eigentlich verrückt, dieses Kampen. Hinter Jule liegen die Reetdachkaten mit den Luxusgeschäften. Vor ihr führt die Straße bis an den Rand einer Dünenkette. Nur die linke Seite ist bebaut. Zweistöckige Apartmentkomplexe reihen sich aneinander. Ohne Reetdächer. Dafür erstrecken sich rechts duftende Heideflächen – so weit das Auge reicht. Und am Straßenrand steht eine Nobelkarosse neben der anderen. Plötzlich denkt Jule, dass es schade ist, dass Max sie jetzt nicht sehen kann. Ohne den Rollkoffer natürlich.

Der Gedanke an Max war ein schwerer Fehler, das merkt Jule sofort. Denn als sie an der breiten Hotelterrasse angekommen ist, auf der in Strandkörben ebenso teuer wie lässig gekleidete Menschen sitzen und an Champagnerkelchen oder Longdrinkgläsern nippen, hätte sie ihn so gerne neben sich. Und als Jule an der pompösen Rezeption eincheckt, kann sie das professionell herzliche Lächeln der Tresendame nur verschwommen erkennen, weil ihr die Tränen in den Augen stehen.

In ihrer Suite angekommen, verliert Jule ziemlich schnell den letzten Rest ihrer Beherrschung. Heulend wirft sie sich auf das komfortabel breite Bett mitten im Raum, auf dem sieben Kissen in unterschiedlichen Blautönen liegen. Der Flachbildfernseher kann sie ebenso wenig beruhigen wie die Luxusseife und die Designerarmaturen im Badezimmer. Erst als Jule hinter hübsch geflochtenen Türen anstelle eines Wandschranks ein zusätzliches Alkovenbett entdeckt, trocknen die Tränen. Hier wird sie sich heute Nacht verkriechen, sich in die duftende blaugestreifte Satinbettwäsche kuscheln und die Türen von innen zuziehen. Die Welt aussperren, ganz für sich sein.

Aber vorher muss Jule unbedingt etwas essen. Den letzten Apfel hatte sie kurz vor Hamburg und die paar Kekse auf dem Autozug waren auch nicht magenfüllend. Bevor sie aufbricht, wirft Jule noch einen Blick in Ihr Portemonnaie. Wenn sie die Übernachtungskosten abzieht, bleiben ihr noch genau 6.462 Euro. Für ein Abendessen und eine Flasche Wein sollte das reichen. Selbst in Kampen.

Schampus und GV

Die Whiskymeile

An der Rezeption erkundigt sich Jule nach einem typischen Sylter Restaurant. Die Antwort fällt lapidar aus: »Gehen Sie einfach die Whiskymeile hinunter, da werden Sie fündig.«

Whiskymeile? Jule fragt nicht die Tresendame, sondern Michi. Der erklärt, dass die Kampener Amüsiermeile eigentlich Strönwai heißt, aber aus nachvollziehbaren Gründen seit Jahrzehnten den vielsagenden Spitznamen weg hat.

Da Kampen wirklich ein Dorf ist, muss Jule nur um zwei Ecken biegen, bis sie ankommt. Auf dem Weg liegen etliche Boutiquen und zwei Immobilienbüros. Die Auslagen machen Jule neugierig. Was kostet eigentlich eines von diesen schnuckeligen Reetdachhäusern? Die Exposés sind wie Pretiosen einzeln in den Fenstern drapiert. Meistens stehen die Kaufpreise nicht dabei, was sicher ein alarmierendes Zeichen ist, aber als Jule endlich auf ein Haus mit Preis stößt, ist sie doch erschrocken. Sechs Millionen für eine Doppelhaushälfte? Mitten auf dem platten Land?

Immobilienpreise auf Sylt

Seit den 1960er-Jahren sind die Immobilienpreise auf der Insel in atemberaubendem Tempo gestiegen – allein zwischen 2008 und 2011 in sehr guten Lagen um etwa 30 Prozent. Eine Ein-Zimmer-Wohnung in Kampen für 200.000 Euro ist ein echtes Schnäppchen. Und für ein allein stehendes Reetdachhaus mit drei Schlafzimmern, entsprechend vielen Bädern, Sauna, Kamin und einem 1.000-Quadratmeter-Grundstück mit unverbaubarem Wattblick kann man locker zehn Millionen Euro bezahlen. Wenn die Villa etwas größer sein darf, auch gern mal 22 Millionen – wie im Fall des Klenderhofs geschehen. Das besser als »Springer-Burg« bekannte Anwesen hoch über dem Kampener Watt wurde 1933 erbaut und 1962 von dem Verleger Axel Springer für 650.000 DM erworben. 1982 verkaufte er Haus und Grundstück zu einem nicht bekannten Preis. Drei weitere Veräußerungen folgten. Seit 2007 ist der Klenderhof in Schweizer Privatbesitz und hat seinen Eigentümer eben jene legendären 22 Millionen Euro gekostet.

Natürlich geht es auf der Insel auch billiger.

In Westerland sind 60 Quadratmeter große Ferienwohnungen schon ab 350.000 Euro auf dem Markt und auch ein Einfamilienhaus in Tinnum mit Aussicht auf die Autozugentladestation ist unter Umständen nicht viel teurer ...

Die Antwort auf Jules Frage, wer sich diese Immobilienpreise eigentlich leisten kann, lässt nicht lange auf sich warten, denn als Jule in die Whiskymeile einbiegt, sieht plötzlich praktisch jeder so aus, als würde er oder sie die

Millionen aus dem Handgelenk schütteln. Oder tun die alle nur so? Sind diese ganzen Bentleys und Porsches, der Rolls-Royce dahinten und das schicke alte Mercedes-Cabriolet hier vorn vielleicht nur geliehen, um ein Wochenende lang mal so richtig die Sau rauszulassen?

Jule mustert die Restaurants und Bars entlang der Straße. Alle sind in reetgedeckten, niedrigen Häusern untergebracht und jedes hat eine breite Außenterrasse mit Bar, Stehtischen und einigen Plätzen zum Sitzen. Überall sorgen Wärmestrahler für angenehme Temperaturen, denn der Abend ist frisch. Jule trägt einen Pullover und friert trotzdem.

»Pony« steht in fetten Buchstaben oben auf dem nächstgelegenen Haus, dessen Terrasse besonders voll ist. Einen freien Platz kann Jule nirgends entdecken. Aber etwas anderes ist auffällig. Alle Gäste sind weiß gekleidet und die Bedienung auch. Jule sieht Dinge, von denen sie bisher noch nicht einmal wusste, dass sie in dieser Farbe produziert werden. Herrenschnürschuhe zum Beispiel. Inklusive Schürsenkeln. Oder Pelzcapes. Und Uhren.

»Warum sind hier alle weiß angezogen?«, fragt Jule den Türsteher, der auch noch Eintritt von allen kassiert, die sich der Terrasse nur nähern.

»*White Night tonight*«, ist die knappe Antwort, bevor er sich abwendet, um eine kichernde Blondine mit orangefarbenen Fingernägeln um zehn Euro zu erleichtern. Ihre High Heels sind weiß, die Jeans und das sehr knappe Bustieroberteil auch. Nur der üppige Goldschmuck hat seine Farbe behalten dürfen.

Jule fühlt sich in ihrem roten Pullover ziemlich fehl am Platz und geht weiter. Vor der Bar im Gogärtchen sitzt eher das grauhaarige Publikum, aber schräg gegenüber im Rauchfang spielen sie Amy Winehouse und die

Gäste an der Bar sind wenigstens zum Teil in Jules Alter. Sie kämpft sich durch das Gewühl bis zum Tresen durch und zupft einen der Barkeeper am Ärmel. Er hat dunkle Locken und sieht ein wenig aus wie Max.

»Was bekommst du?«

»Ein Glas Wein.«

»Den billigsten?« Die Frage wird von einem abschätzigen Blick auf Jules Pullover begleitet. Er ist von H&M und hat keine 20 Euro gekostet, aber bisher war Jule nicht klar, dass man das auch sehen kann.

»Das wäre der Grüne Veltliner. Neun Euro das Glas«, sagt der Barkeeper. Als Jule nickt, ruft er quer über den Tresen: »Einen GV für den roten Pullover«, und zwinkert Jule zu. »Blöde Abkürzung, aber die Leute finden's immer wieder komisch.«

Jule nickt. GV – Geschlechtsverkehr. Dafür braucht sie noch nicht einmal Michi um Rat zu fragen. »Habt ihr auch was zu essen? Ich bin kurz vorm Verhungern.«

»Nicht an der Bar. Aber drüben hinterm Pony gibt's nachts immer Currywurst.«

»Dafür bin ich nicht weiß genug, außerdem nehmen die Eintritt.«

»Ach richtig, heute ist Weiße Nacht. Manche kommen sogar aus der Schweiz angereist, um die mitzumachen. Du bist zum ersten Mal hier?« Als Jule nickt, fährt er fort: »Die *Fête Blanche* ist *das* Event hier in Kampen, die gibt's jedes Jahr Ende Juli. Nur die Mottoparty im Roten Kliff, dem Nachtclub direkt im alten Dorfkern, ist ähnlich cool.«

»Was haben die so für Mottos?«, will Jule wissen und greift nach dem Wein, den der andere Barmann auf den Tresen gestellt hat.

»Dieses Jahr wird es eine Mafia-Nacht. Letztes Jahr war das Motto ›Himmel und Hölle‹. Den Vogel haben vier Jungs abgeschossen, die als Hells Angels gekommen sind. Leider war der echte Boss auch auf der Insel. Der fand das gar nicht komisch. Und vor zwei Jahren gab es eine ›Römische Nacht‹. Da haben sie den Chef des Kliffs auf einer Sänfte durch die Whiskymeile getragen und die ganze kostümierte Meute lief hinterher.«

Die Top-5-Promi-Vergnügungen

1. **Mottoparty im Roten Kliff, Kampen**
   www.club-rotes-kliff.de
2. **Poloturnier in Keitum**
   www.polosylt.de
3. **Weiße Nacht im Pony, Kampen**
   www.pony-kampen.de
4. **Mittsommernacht an der Buhne 16, Kampen**
   www.buhne16.de
5. **Baumann-Krebs-Party in Morsum**
   (Privatveranstaltung von Katharina und Manfred Baumann mit großem Promi-Aufkommen)

»Kann es sein, dass die Leute vor Geld nicht mehr wissen, wie sie sich amüsieren sollen?«

»Kann es sein, dass du ein bisschen spießig bist?«, antwortet der Barmann und lässt sie stehen. Jule nimmt einen großen Schluck von ihrem Wein und beschließt, in Zukunft einen Bogen um dunkelhaarige Männer unter 30 zu machen. Als sie das Glas gerade absetzen will, stößt eine behaarte Hand von links mit einem Champagnerkelch daran. Der Mann, der zu der Hand gehört ist bestimmt schon 50 und hat volles graues Haar. Auf seinem Pulli, der locker um den Hals hängt, prangt deutlich sichtbar ein Poloreiter. Immerhin ist der Pulli nicht weiß.

»Hi, ich hab mitgehört. Willkommen auf der Insel.« Der Grauhaarige rückt etwas näher an Jule heran. »Lass den blöden Affen doch reden. Du hast entschieden Besseres verdient. Magst auch ein Glas Schampus?«

»Ich muss was essen«, jammert Jule, »sonst bin ich in zehn Minuten sturzbetrunken.«

»Ach was, so schnell geht das schon nicht. – Jojo, noch zweimal die Witwe, aber ein bisschen dalli.«

Der dunkel gelockte Barmann nickt beflissen und hebt eine Flasche mit orangefarbenem Etikett aus dem silbernen Eiskühler, der auf einer Tresenecke steht. Als er die beiden Champagnerkelche bringt, drückt der Grauhaarige ihm umstandslos Jules erst halb geleertes Weinglas in die Hand.

»Dass ihr diesen Fusel überhaupt noch ausschenkt, gehört bestraft«, schimpft er und hebt das neue Glas, um Jule zuzuprosten. »Auf diese Nacht – und unsere Bekanntschaft. Ich bin übrigens der Anton aus München, kannst Toni zu mir sagen.«

»Jule. Aus Berlin.« Obwohl ihr dieser schleimige Typ eher unsympathisch ist, ist Jule froh, dass sie nicht allein an der Bar sitzen muss. Und auf gar nicht unangenehme Weise erinnert sie Antons süddeutscher Dialekt an Max. An die guten Zeiten mit Max. Außerdem schmeckt der Champagner deutlich besser als der Veltliner. Vielleicht macht er ja sogar satt.

»Wo wohnst denn?«, erkundigt sich Anton und reagiert sichtlich verstört auf Jules Antwort. »Da schau an, das hätt ich dir fei nicht zugetraut.«

»Und wo wohnst du?«, gibt Jule zurück, ohne sich um die Verwunderung des Grauhaarigen zu kümmern.

»Drüben am Watt. Ich hab da so eine kleine nette Kate direkt in der Heide. Kann ich dir gern mal zeigen.«

»Das wird nicht nötig sein«, will Jule antworten, doch ganz plötzlich scheint der Alkohol ihr Sprachzentrum zu lähmen – und ihren Verstand offensichtlich gleich mit zu blockieren. »Warum nicht«, ist alles, was sie herausbringt.

Anton freut sich und ordert direkt eine ganze Flasche Veuve Clicqout.

Dreieinhalb Gläser später hat Jule wirklich keinen Hunger mehr und die Aussicht, mit dem Taxi gefahren zu werden, ist auch sehr verlockend. Als sie sich von der Bar löst, kracht der Barhocker hinter ihr zu Boden.

»Lass liegen«, sagt Toni, »soll sich der Jojo drum kümmern, genug Trinkgeld hat er ja kriegt.«

Energisch legt er den Arm um Jules Schultern und lotst sie durch die dicht gedrängt stehende Gästeschar. Auf der Straße warten einige Taxis mit laufenden Motoren auf Leute wie sie beide. Der Typ am Steuer ist kaum älter als Jule selbst, sehr blond und ziemlich breitschultrig. Als er sich umdreht, um nach dem Ziel zu fragen, schaut Jule in die blauesten Augen, die sie je gesehen hat.

»Sind das Kontaktlinsen?« Die Frage rutscht ihr raus, bevor der Grauhaarige, der Jule plötzlich eng an sich zieht, seine Adresse nennen kann.

»Nee, das ist das Erbe von Generationen echter Friesen«, antwortet der Taxifahrer und mustert das Paar auf der Rückbank mit einem kurzen nachdenklichen Blick.

»Na, fahr schon, Bub, sonst fallen dir noch die Augen aus dem Kopf. Das ist meine Kleine hier. Und die will jetzt ganz bestimmt nicht zurück in ihren Walter's Hof, sondern auch mal am Kampener Watt aufwachen.«

Statt einer Antwort steigt der Blonde aufs Gaspedal und legt einen Kavaliersstart hin, der die beiden Fahrgäste in die Sitze drückt. Als Jule sich von dem Schreck erholt hat, merkt sie, wie sich eine stark behaarte Hand unter ihrem Pullover selbstständig macht. Ihre Versuche, die Hand festzuhalten, quittiert der Grauhaarige mit einem gemütlichen Lachen, ohne sich in seinen Unternehmungen stören zu lassen. Jule wird schwindlig. Gleichzeitig überkommt sie eine ungeheure Trägheit. Eigentlich ist ihr alles egal, wenn sie nur nicht wieder laufen muss. Ein weiches Bett und dann die Augen schließen, mehr will sie nicht. Die Augen schließt sie jetzt schon.

Als das Taxi stoppt, blinzelt Jule in die Dunkelheit. Nur an dem hohen weißen Spitzgiebel des Friesenhauses vor dem Auto leuchten zwei Lampen.

»Stimmt so«, erklärt Toni leutselig, öffnet seine Tür und beginnt, Jule von der Rückbank zu zerren.

»Das Mädchen bleibt drin«, befiehlt die Stimme des Fahrers.

»Spinnst du? Sie kommt mit. Gell Jule, so war's abgemacht zwischen uns zwei beiden Hübschen.«

Jule schüttelt vorsichtig den Kopf. Sie muss unbedingt vermeiden, dass das ganze Taxi anfängt, sich zu drehen. Nur undeutlich kann sie sehen, wie der Blonde aussteigt und seinen Fahrgast an den Schultern packt.

»Das Mädchen ist vollkommen betrunken. Ich bring sie jetzt zurück zum Walter's Hof. Und wenn sie dich morgen immer noch will, dann kann sie dich ja anrufen. Deine Visitenkarte hast du ihr doch sicher schon zugesteckt, oder?«

»Wie red'st denn mit mir? Das muss ich mir nicht bieten lassen.« Plötzlich ist der Kopf des Grauhaarigen ganz dicht vor Jules Gesicht. »Magst net noch auf ein *Glasl* mit 'neinkommen?«

Jule nimmt all ihre Konzentration zusammen und schüttelt noch einmal den Kopf. Das Taxi dreht sich. Aber immerhin verschwindet das Männergesicht. Die Tür wird so heftig ins Schloss geworfen, dass der ganze Wagen wackelt. Dabei vergisst er, sich weiterzudrehen. Der Blonde setzt sich wieder hinters Steuer.

»Danke«, kann Jule gerade noch murmeln, bevor sie einschläft.

Sand und Meer

Das Rote Kliff

Am nächsten Morgen liegt Jule quer auf dem Bett in ihrer Suite. Sie trägt die Jeans und den roten Pullover von gestern Abend, sogar die Schuhe hat sie noch an. Aber wie ist sie hier hinaufgekommen? Und wo war sie überhaupt vorher? Weiße Nacht, Rauchfang, der Grauhaarige aus München, das erinnert sie noch. Und Champagner mit einem orangefarbenen Etikett. Und ein Taxi mit eisblauen Augen. Nein, das waren wohl die Augen des Fahrers. Aber dann?

Jule greift sich mit beiden Händen an den Kopf. Der ist extrem berührungsempfindlich. Sie stöhnt laut. Niemand antwortet. Jule sieht sich vorsichtig um. Wer immer sie aufs Zimmer gebracht hat, ist nicht mehr hier. Jule dreht sich zur Seite und guckt aus dem Fenster. Draußen scheint die Sonne. Immerhin.

Jule rollt sich vom Bett, zieht sich aus, duscht und schlüpft in ein Sommerkleid. Ein Königreich für eine Aspirin und einen Kaffee. Sie schleppt sich hinunter zum Empfang. Nein, eine Apotheke gebe es nicht in Kampen. Auch keine Tankstelle und keine Post. Früher einmal hatten sie das alles, aber das sei schon Jahre her. Jule nickt und muss an die Immobilienpreise denken. Wenn nur diese Kopfschmerzen nicht wären.

»War vielleicht alles ein bisschen zu viel gestern Abend«, murmelt die Empfangsdame verschwörerisch.

Weiß sie etwas, das Jule auch wissen sollte? Immerhin reicht sie Jule eine Aspirin aus ihrem Privatfundus. Und sie zeigt ihr den Weg zum Frühstücksraum. 20 Minuten und zwei starke Kaffee später wirkt die Aspirin. Nur etwas wacklig ist Jule noch auf den Beinen. Jetzt ist sie froh über die Lage des Hotels. Die paar Meter zum Strand wird sie schaffen. Vorher muss sie aber noch die Suite räumen. Am Nachmittag kommen neue Gäste. Das Hotel ist für die nächsten Tage ausgebucht. Jule deponiert ihr Gepäck in einem fensterlosen Raum und verspricht, es am Abend abzuholen. Für die beiden Kaffee und ein Hörnchen muss sie 38 Euro zahlen. Das ist der Pauschalpreis fürs Frühstücksbuffet. Selbst schuld, wenn sie den Lachs und das Bircher-Müsli ignoriert und auch vom Prosecco nichts gewollt hat.

Mit einem Badehandtuch, dem Bikini, dem Reiseführer und ihrem Geld in der Strandtasche schleppt sich Jule durch die Heide. Michi ist natürlich auch dabei, obwohl Jule gar nicht nach Lesen zumute ist. Die Sonne steht schon hoch am Himmel und brennt ganz schön. Aber als Jule auf der letzten Düne steht und zum ersten Mal das offene Meer sieht, bläst ihr der Westwind ordentlich ins Gesicht. Kein Wunder, dass die Strandkörbe alle besetzt sind, wie sie wenig später von dem wettergegerbten Mann erfährt, der für die Vermietung zuständig ist. Er heißt André, spricht mit starkem französischem Akzent und trägt schwere Wanderstiefel an den Füßen. Zweifellos ein Original und bestimmt schon ewig auf der Insel, denn jedermann duzt ihn. Überhaupt herrscht eine fast familiäre Atmosphäre an dem breiten Strand. Viele kennen sich, grüßen, winken, lachen. Wahrscheinlich sind sie jedes Jahr hier. Sie tragen Shorts, Polohemden, Sonnenbrillen. Blau und beige, weiß und rosa sind die vorherrschenden Farben. Jule fällt mit ihrem quietschgelben Flatterkleid schon wieder auf. Aber das ist ihr heute egal. Sie dreht sich im Wind und lässt die Blicke schweifen.

Der Strand ist endlos lang. Michi weiß es natürlich wieder besser: um die 40 Kilometer feinster weißer Sand erstrecken sich zwischen Hörnum ganz im Süden und List ganz im Norden. Die extrem schmale Insel liegt also wie ein riesiger Wellenbrecher zwischen dem offenen Meer und der Küste. Klar, dass das der Nordsee nicht passt. Im Moment schillert sie zwar harmlos in Grau-, Blau- und Weißtönen und Ihre Wellen rollen regelmäßig heran, spielen sich ein wenig auf, brausen, schäumen, rauschen, laufen dann aber friedlich im Sand aus. Doch das Meer kann auch anders. Jule muss an die Geschichten von den großen Sturmfluten denken, die Häuser zum Einsturz und Klippen zum Abbruch gebracht haben.

Besonders hart hat es immer wieder das Rote Kliff getroffen, das sich südlich von Jule majestätisch über dem Sand erhebt. Knapp 30 Meter ist die Steilwand hoch, die den Strand zwischen Kampen und Wenningstedt begrenzt. Vor der Erfindung des Radars hat das Kliff mit seiner auffälligen Farbe der Schifffahrt sicher gute Dienste geleistet, überlegt Jule und kann auch aus der Ferne die Schichtungen des Gesteins an der Abbruchkante erkennen. Das Gestein, aus dem das Kliff besteht, ist mindestens 180.000 Jahre alt, weiß Michi. Damals war Eiszeit, und Gletscher haben die Gesteinsschichten übereinandergeschoben.

Bei so viel Ehrwürdigkeit ist Jule ein wenig bange und sie wendet sich nach Norden, wo der Strand in sanften Dünenwellen ausläuft. Hier sucht sie sich einen Platz vor der ersten Strandkorbreihe und breitet ihr Handtuch aus. Endlich liegen! Jule verschränkt die Hände hinter dem Kopf und freut sich auf mehrere Stunden Nichtstun.

Träge blickt sie aufs Wasser.

Es ist Ebbe und in regelmäßigen Abständen ragen im rechten Winkel zum Strand hüfthohe Buhnen aus dem Meer. Sie sind an Land und im Wasser mit hohen gelben Kreuzen gekennzeichnet. Und wenn ab und an der Pfiff eines Bademeisters über den Strand gellt, dann ist ein unvorsichtiger Urlauber den einbetonierten Holzpfeilern beim Baden zu nahe gekommen und wird mit ausladenden Bewegungen zurück in den sicheren Bereich dirigiert, wo Kinder planschen und Erwachsene unermüdlich gegen die Wellen anspringen.

Buhnenbau und Sandaufspülungen

Seit Jahrhunderten raubt die Nordsee der Insel Sylt den Sand am Weststrand. 1867 hat man zum ersten Mal versucht, durch Buhnen, die quer zum Strand sechs Meter tief in die Erde gerammt wurden, den bedrohlichen Sandverlust zu verhindern. Zunächst verwendete man Eichenstämme, später Stahl mit Betonfundament, doch das Ziel, die Strömung zu brechen und gleichzeitig den Sand festhalten, wurde nicht erreicht.

Seit 1972 finden regelmäßig Sandaufspülungen gegen den Strandabtrag statt. Ein Saugbaggerschiff entnimmt dem Meeresboden rund zehn Kilometer vor der Küste ein Sand-

Wasser-Gemisch und pumpt es über Rohre auf den Strand, wo Planierraupen den Sand verteilen. Nur bei Seegang unterhalb von Windstärke sechs ist diese Prozedur möglich. Da im Winter das Klima häufig zu rau ist, können Sommertouristen das Spektakel regelmäßig beobachten.

Würde man nicht künstlich Sand aufschütten, würde sich die Sylter Küste etwa einen Meter pro Jahr rückverlagern. Dank der Aufspülungen wird bei einer Sturmflut statt des eigentlichen Ufers nur das vorgelagerte Sandpolster abgetragen. Seit 1992 konnte so die Küstenlinie gehalten werden.

Vor dem schäumenden Wasser tanzen die Silhouetten der Strandgänger im flirrenden Licht. Wehende Tücher, gebräunte Gesichter. Beachballschläger, Fußbälle, eine Rugbypille. Ab und an kommt ein schlanker Hund vorbei, glänzend das Fell, gutmütig die Augen, und mustert beiläufig die weißen Strandkörbe, die wie zufällig zwischen Dünen und Meer stehen.

Jule sieht sich um. Im Vergleich zu den Ostseestränden, die sie kennt, hat hier jeder jede Menge Platz. Erst ein ganzes Stück hinter den letzten Strandkörben grenzt eine dunkle Reihe von in den Sand gesteckten Stöcken den Strand gegen das Dünengebiet ab. Kleine Sandhäufchen haben sich davor gebildet, Flugsand, weiß Michi. Der Sand soll sich an den Hindernissen absetzen und damit dazu beitragen, dass die Dünen nicht schwinden. Jedes Kind könnte über die Stöckchen steigen, aber niemand tut es. Alle wissen, dahinter beginnt das Naturschutzgebiet. Flache Hügel, bewachsen mit glänzendem Gras, das sich im Wind beugt und dessen lange Wurzeln den Sand festhalten. Darüber ist nur der Himmel. Blau mit weißen Flecken. Wolkentiere, die sich jagen.

Zum ersten Mal, seit sie auf Sylt ist, kann Jule verstehen, was den besonderen Reiz der Insel ausmacht. Denn über allem liegt dieses reine, stechende, unglaublich helle Licht, reflektiert von Abertausend schillernden Partikelchen im Sand. Jule schließt die Augen und lässt sich vom Brüllen des Meeres und dem Geschrei der Möwen in den Schlaf schaukeln.

Bier und Isomatte

Der Weststrand

Als Jule wieder aufwacht, steht die Sonne schon weit im Westen über dem Meer. Jetzt gibt es etliche leere Strandkörbe und die Verlockung ist groß, einen davon zu kapern. Doch vorher muss sie etwas in den Magen bekommen. Dringend. Außer dem einen Hörnchen zum Frühstück und entschieden zu viel Champagner am vergangenen Abend hat sie praktisch nichts zu sich genommen.

Aber zu dem breiten Holzständerbau des Strandrestaurants mit seiner ausladenden Terrasse ist es ja nicht weit. Jule packt ihre Tasche und läuft los. »La Grande Plage« liest sie im Näherkommen und wundert sich ein bisschen über den französischen Namen.

Die Top-5-Strandrestaurants

Eine Insel, die so lange Strände hat wie Sylt, bietet natürlich jede Menge Möglichkeiten für ein Bier oder auch ein feines Mahl mit direktem Meereskontakt. Die folgende Auswahl ist daher äußerst subjektiv und soll dazu einladen, weitere Entdeckungen zu machen. Die Gastronomie auf der Insel ist ständig in Bewegung – es lohnt sich also immer, Neues auszuprobieren.

1. La Grande Plage

Kampener Strandbistro mit einem fantastischen Blick über die Nordsee. Tagsüber gibt es schlichte Gerichte, abends wird bei Kerzenschein groß aufgetischt.

Riperstig am Weststrand, Kampen
Tel. 04651 / 88 60 78
www.grande-plage.de

2. Wonnemeyer

Nach einem kleinen Fußweg vom Wenningstedter Campingplatz aus erreicht man den ausladenden Holzbau direkt am Strand, wo es laut und fröhlich zugeht und »FEINheimische« Kost serviert wird.

Am Strand 1, Wenningstedt
Tel. 04651 / 452 99
www.wonnemeyer.de

3. Sansibar

Das berühmteste Sylter Strandrestaurant bietet keinen Blick aufs Meer, dafür aber einen riesigen Spielplatz für die Kleinen, eine erlesene Weinkarte und einen hohen Promi-Faktor.

Hörnumer Straße 80, Rantum
Tel. 04651 / 96 46 46
www.sansibar.de

4. Buhne 16

Versteckt zwischen den Dünen im Norden Kampens liegt das einfachste und urigste aller Strandrestaurants. Hier kann man bei einem Glas Wein und schlichten Gerichten das Hippie-Strandfeeling der 1960er-Jahre wieder aufleben lassen – und direkt neben den Sitzbänken eine Runde Beachball spielen.

Listlandstraße 133b, Kampen
Tel. 04651 / 44 68 27
www.buhne16.de

5. Kap Horn

Man sitzt auf einfachen Hockern und Bänken am südlichsten Zipfel Sylts an der Hörnumer Odde. Jeden Mittwoch wird gegrillt und es gibt Livemusik.

Süderende 24, Hörnum
Tel. 04651 / 88 15 48
www.kap-horn-sylt.de

Natürlich ist oben auf der Restaurantterrasse alles besetzt – was hat sie denn erwartet? Vereinzelt stehen sogar schon Paare am Rand und lauern auf einen vielleicht bald frei werdenden Tisch. Aber das ist Jule zu blöd. Beherzt geht sie auf einen Sechsertisch zu, an dem drei junge Männer und zwei Mädchen in ihrem Alter sitzen.

»Ist der Stuhl hier noch frei? Ich komme nämlich um vor Hunger.«

»Klar, setz dich zu uns.«

Eines der Mädchen, es hat lange rote Locken, rückt zur Seite. »Und deine Tasche kannst du da in die Ecke zu unserem Krempel stellen ... Willst du auch am Strand schlafen?«

»Gar keine schlechte Idee. Wie warm ist es denn hier nachts?«

»Für dieses Wochenende sind so um die 16 Grad vorausgesagt. Deshalb sind wir auch spontan von Hamburg rübergekommen – geht mit der Nord-Ostsee-Bahn ganz schnell. Und da vorn am Strandübergang unter dem langen Holzsteg, der zum Hundestrand führt, da liegt man ziemlich geschützt.«

»Allerdings kennt die Inselpolizei das Versteck auch schon. Manchmal kommen sie nachts vorbei und scheuchen einen weg. Dann war's das mit der ungestörten Nachtruhe«, sagt das zweite Mädchen. Sie ist dunkelhaarig und trägt mindestens zehn klimpernde Armreifen am rechten Handgelenk. »Ich bin übrigens Marlene und das ist Sarah.«

»Jule. Aus Berlin«, sagt Jule.

»Du bist für eine Nacht aus Berlin gekommen?« Sarah reißt vor Erstaunen die Augen auf.

»Nein, nein. Ich bleibe länger, aber ich wusste nicht, dass man hier so schwer eine Unterkunft bekommt.«

»Was esst Ihr?«, fragt einer der Jungs. Er trägt die hellen Haare fast schulterlang und sieht aus wie ein Dandy der vorletzten Jahrhundertwende.

Die Mädchen bestellen Milchreis, die Jungs Pommes und Currywurst. Jule bestellt beides. Alle lachen, das Eis ist endgültig gebrochen.

Nach dem Essen schlägt Johann, der Dandy, vor: »Wie wär's mit einer Kiste Bier zum Sonnenuntergang. Hast du eigentlich ein Auto am Start, Jule?«

»Schon, aber es steht noch oben im Dorf neben der Kurverwaltung. Ich könnte es holen, Bier kaufen und auf dem Rückweg auch mein Gepäck aus dem Hotel einladen. Gibt es überhaupt einen Supermarkt in Kampen?«

»Erst seit einigen Jahren wieder. Vorn am Ortsausgang, da wo früher Post und Tankstelle waren. Der ist nicht groß, aber Champagner und Trüffelpastete haben die immer vorrätig.«

»Dann lieber Bier!«

Jule wird schon beim Gedanken an Champagner schlecht. So kann man natürlich auch Geld sparen.

»Gibt's da auch. Soll ich mitkommen?«

Johann wirft Jule einen erstklassigen Flirtblick zu. Immerhin ist er nicht dunkelhaarig und wird mich nicht an Max erinnern, denkt Jule und nickt.

Als die beiden eine gute Stunde später zurück sind, haben die anderen schon einen Kreis aus Strandkörben gebaut. Die Gruppe ist größer geworden. Carl, Kira, Lucie, Vincent und Philipp heißen die Neuen. Sie sind alle mit den Eltern auf Sylt, erfährt Jule und wundert sich ein bisschen darüber, dass ihnen das nicht peinlich ist. Schließlich sind sie um die 20 Jahre alt. Aber wenn die ganze Familie schon seit Jahrzehnten Urlaub auf der Insel macht und Onkel und Tanten ebenso wie die Großeltern auch gern vorbeikommen, dann ist das wohl normal. Ob die Eltern in Kampen ein Haus besitzen oder etwas gemietet haben, erfährt Jule nicht. Geld ist kein Thema.

Dafür wird die Kiste Bier lauthals begrüßt und bald kreisen auch die Weinflaschen, die die anderen mitgebracht haben. Die Sonne legt einen bilderbuchreifen Abgang hin, mit silbernem Meer und blutroten Schäfchenwolken am Himmel. Das Rote Kliff leuchtet, als würde das Licht aus ihm selbst kommen.

Sicher gibt es auf der ganzen Insel keinen schöneren Ort, um den Sonnenuntergang zu erleben, denkt Jule gerade, als jemand laut nach Musik ruft. Sie findet das zwar überflüssig, aber die anderen lassen nicht locker, bis Carl sich bereit erklärt, den Land Rover seines Vaters vom Parkplatz an den Strand zu fahren.

»Ist das nicht verboten?«, will Jule wissen.

»Und wie«, bekommt sie zur Antwort, »aber die Friesen sollen sich nicht so anstellen, schließlich sind wir es, die die Insel reich machen.«

So kann man das natürlich auch sehen, du Schnösel, denkt Jule sich. Wenig später kommt der riesige Jeep mit röhrendem Motor die Sandpiste herunter. Die Scheinwerfer durchschneiden die Nacht und heben einige Strandkörbe und die einsame Buhnenreihe dahinter in ihr weißes Licht. Gruselig sieht das aus und faszinierend zugleich, findet Jule. Dann stellt Carl die Anlage laut und alle sehen sich enttäuscht an. So ein fettes Auto und so mickrige Boxen?

»Mein Vater ist eher der Hörbuch-Typ«, lacht Carl gerade, als Johann Jule anstupst. »Was ist denn mit deiner Kiste? Die Mucke kam ziemlich gut.«

»Spinnst du?« Jule tippt sich an die Stirn. »Ein Fiat 500 ist doch kein Geländewagen.«

»Und wenn wir ihn oben ans Ende des Strandwegs stellen und die Anlage voll aufdrehen?«

Jule sieht sich unschlüssig um. Alle sind schon reichlich angetrunken und begeistert von der Idee. Da will sie keine Spielverderberin sein. Die anderen johlen, als sie wenig später ihr knallrotes Auto über den nächtlichen Strandzugang steuert. Es ist ein breiter Weg, dessen linke Seite gepflastert ist. Aber rechts ist weicher Sand und schon auf der Hälfte der Strecke bleibt der Fiat stecken. Jule flucht und tritt kräftig auf das Gaspedal, aber die Räder drehen nur noch mehr durch. Die Jungs vom Strand versammeln sich hinter dem Fiat und stemmen sich gegen den Wagen. Doch das hilft gar nichts. Jule lässt den Kopf aufs Lenkrad sinken. So hat sie sich ihren Aufenthalt auf Sylt ganz bestimmt nicht vorgestellt. Erst der Aufreißer von der Whiskymeile und jetzt die Yuppiekinder vom Strand. Eine Nacht nüchtern und allein in einem weichen Bett durchschlafen, das wäre schön. Aber im Moment hat das Leben offensichtlich anderes auf dem Programm.

Ein Blick aus den Wagen zeigt Jule betretene Gesichter. Auch Johann ist ziemlich kleinlaut geworden, aber Vincent hat eine Idee.

»Der Land Rover muss wieder rauf und den Fiat aus dem Sand ziehen. Der Weg ist breit genug, der kommt bestimmt an deinem Hüpfer vorbei.«

»Aber wir haben kein Abschleppseil im Wagen«, erklärt Carl. »Vielleicht sollten wir rüber zur Sturmhaube laufen und dort unter den Gästen rumfragen.«

Die Kampener Sturmhaube

Direkt neben dem Hauptzugang zum Kampener Strand befindet sich ein edles Restaurant mit großer Außenterrasse und angeschlossener Bar. Es blickt auf eine lange Tradition zurück.

1908 wurde an exponierter Stelle über der Kampener Kliffkante ein kleiner Pavillon errichtet, von dem aus man einen beeindruckenden Blick auf die Nordsee hatte. 1936 ersetzte man den Pavillon durch einen Restaurantbau von stattlicher Größe, in dem auch Umkleidekabinen untergebracht waren. Sogar die Kurverwaltung fand hier Platz. Gut 30 Jahre später war der Standort zu gefährlich geworden: Da das Gebäude drohte, von der Klippe zu stürzen, wurde es abgerissen und durch einen Neubau ersetzt, dessen Fundament sich weiter landwärts befand. Der letzte große Umbau fand erst vor wenigen Jahren statt: Die Panoramaterrasse wurde erneuert und eine windgeschützte Außenbar mit Blick über Meer und Dünen entstand. Bei Sonnenuntergang ist die Terrasse der Sturmhaube in Kampen stets dicht besetzt.

Riperstig 1, Kampen
Tel. 04651 / 99 59 40

»Spinnst du? Damit alle sehen, was wir hier angerichtet haben? Da muss es doch eine andere Lösung geben«, widerspricht Vincent und sieht sich suchend um. Eine einzelne Laterne, die am Übergang zum Parkplatz brennt, beleuchtet Dünen, Asphalt und einige wenige Autos. Und eine Fahnenstange. Oben weht die Kampener Flagge, eine stilisierte Stranddistel, weiß auf blauem Grund. Das Stahlseil klirrt im Wind. Es dauert nur wenige Minuten, dann ist Vincent den Mast hinaufgeklettert und hat die Fahne samt Seil eingeholt. Carl bringt den Land Rover in Position und Jule und Johann befestigen das Seil an der Anhängerkupplung. Zweimal muss Carl aufs Gas, dann ruckt der Fiat und zu Jules großer Erleichterung gelingt es, ihr Auto wieder zurück auf den Parkplatz zu ziehen.

Alle lachen und fallen sich in die Arme. Nur Jule wird plötzlich sehr müde. Kein Wunder, die letzte Nacht steckt ihr immer noch in den Knochen. Sie zieht beide Pullover übereinander, dann geht sie zwar mit den anderen zurück zum Wasser, sucht sich aber einen abgelegenen Strandkorb, kuschelt sich hinein und deckt sich mit dem Strandhandtuch zu. Vor dem Einschlafen rechnet Jule mit letzter Konzentration noch ihre Ausgaben zusammen. Die Mahlzeit im La Grande Plage und der Kasten Bier, dazu noch das Frühstück im Walter's Hof, schon ist sie bei 88 Euro. Langsam geht sie auf die 6.000er-Grenze zu. Waren es nicht gestern noch knapp 7.000 Euro? Und wenn schon.

Mit dem beruhigenden Gedanken, dass die heutige Übernachtung wenigstens kostenlos ist, schläft Jule kurz darauf erschöpft ein.

Morgensonne und Austernbänke

Die Blidselbucht

Gegen fünf Uhr am nächsten Morgen wird Jule von einer harten Hand geweckt. Vor Schreck bleibt ihr die Luft weg. Der Arm, der zu der Hand gehört, steckt in einer Polizeiuniform.

»Aufstehen, junge Frau. So geiht dat nich'.«

Jule nickt und rappelt sich hoch. Ihr Rücken schmerzt und ihr Hals auch. Der Sand ist feucht und die Luft empfindlich kalt. Ein starker Wind weht ihr die Haare ins Gesicht. Ängstlich mustert sie den Polizeibeamten. Wird er sie jetzt in eine Zelle sperren?

»Haben Sie eine Unterkunft?«

»Ja schon«, murmelt Jule. Wie hießen noch mal die Jungs von gestern Abend? »Ich ... ich wohne bei Carl und Vincent, ich hab's nur gestern Abend nicht mehr bis rüber zum Watt geschafft.«

Zweifelnd sieht der Beamte Jule an. Wird er das schlucken? Dann entspannen sich seine Gesichtszüge und er nickt versöhnlich.

»Okay, dann packen Sie jetzt Ihren Kram und machen, dass Sie zu Ihren Freunden kommen. Wenn der Strandwärter Sie hier gefunden hätte, hätte es mehr Ärger gegeben.«

Jule rafft ihre Sachen zusammen und stolpert zurück zum Strandweg. Von den anderen ist nichts zu sehen. Haben sie den Plan, hier zu schlafen, aufgegeben? Oder sind sie noch vor Jule vertrieben worden? Vermutlich wird sie es nie erfahren.

Auf dem Parkplatz steht ihr knallroter Fiat ganz allein in der Morgendämmerung. Er wirkt wie ein Vorbote der Sonne, die hoffentlich bald aufgehen wird. Jule friert entsetzlich, ihre Brust ist immer noch wie zugeschnürt, ein hartnäckiger Husten hängt ihr im Hals und der kalte Wind treibt ihr Tränen in die Augen. Schnell schlüpft sie in ihr Auto und wirft den Motor an. Die Heizung dreht sie voll auf.

Verschlafen fährt sie durch Kampen. Kein Mensch zeigt sich zwischen den Reetdächern und den parkenden Nobelschlitten. Ein Luxusdorf im Tiefschlaf. Als Jule sich an der großen Straße zwischen Nord und Süd entscheiden muss, biegt sie nach Norden in Richtung List ab und wird Sekunden später mit einem fantastischen Anblick belohnt.

Während links Heide- und Dünenflächen die Aussicht auf die Nordsee verhindern, öffnet sich rechts eine weite Bucht. Silbern schimmert das Watt, als plötzlich am Horizont der erste rote Streifen erscheint. Noch kann Jule das Rund der aufgehenden Sonne nur ahnen, doch der Himmel gibt sich alle Mühe, das Spektakel auf angemessene Weise anzukündigen. Flirrend und geheimnisvoll legt sich das Rot über das Watt. Es scheint sich von Sekunde zu Sekunde zu verändern, es ist, als ließe die aufsteigende Sonne alles erwartungsvoll zittern. Auch Wasser und Dünen beginnen zu strahlen, ein Leuchten liegt über den Reetdächern der wenigen Häuser, die hier mit großen Abständen in der Heide stehen.

Als Jule am Straßenrand die Einbuchtung einer Bushaltestelle entdeckt, hält sie an, um das Schauspiel in Ruhe zu genießen. Der anbrechende Tag entzündet nicht nur das Reet auf den Dächern sondern auch das Schilf am Watt. Flammend wogt es im Wind, wie darübergepinselt zeichnen sich die Konturen einiger Vögel ab, die früh auf Beutezug sind. Kein Auto ist auf der Straße zu sehen, kein Mensch weit und breit. Jule macht den Motor aus, lässt die Fenster herunter und öffnet das Dach. Die Kälte ist ihr plötzlich egal, sie will hören und riechen wie der Tag erwacht. Da sind auch schon die Vogelrufe, krächzend und rau einige, andere melodisch und zart. Der Wind trägt sie zusammen mit dem Geruch nach Schlick, Salz und den aromatischen Pflanzen über die Heide. Zwischen dunklem Grün sitzen blaue Blüten, die im frühen Licht violett aufblitzen. Jule nimmt sich vor, unbedingt einmal einen längeren Spaziergang durch die Heide zu machen. Am besten ausgeschlafen.

Plötzlich durchschneidet ein scharfes Hupen die Stille. Hinter dem Fiat 500 nähert sich der Inselbus mit gesetztem Blinker. Mist, denkt Jule, atmet schnell ein letztes Mal den würzigen Geruch ein, schließt hustend das Fenster und räumt die Haltestelle. Die Sonne hat sich inzwischen zu einem Feuerball gerundet und schwebt in beeindruckender Größe über dem Wasser. Die ganze Insel leuchtet im Morgenlicht und selbst der kleine Wald, der bald rechts von der Straße auftaucht, scheint ein Purpurkleid übergestreift zu haben.

Als kurz darauf das Watt wieder sichtbar wird, ist das Morgenrot leider schon zu einem schwachen Schimmer verblasst. Dafür stehen aber vier merkwürdige Ungetüme mitten im Wasser. Plumpe, lang gezogene dunkle Leiber auf staksigen Beinen. Seekühe, denkt Jule spontan. Aber gibt es die hier überhaupt? In der Ferne sieht sie die Landschaft auf der Wattseite ansteigen, wie Burgen thronen einzelne Häuser zwischen Heidepflanzen und Dünengras. Jule nimmt die erste Abzweigung und kurvt eine schmale Straße hinauf, bis sie hoch oben über der Bucht einen idealen Aussichtspunkt findet.

Die Frage nach den Seekühen ist schnell geklärt. Michi weiß, dass es sich um Holzgestelle handelt, die tief im Meeresboden verankert sind und der Bundeswehr jahrzehntelang als Zielscheibe gedient haben. Doch das ist längst Geschichte, nur die Gestelle sind als skurriler Blickfang geblieben.

Michi verrät Jule auch den Namen der Bucht, die so malerisch vor ihr liegt. Blidselbucht heißt sie und unter ihrem harmlosen Aussehen birgt sie einen kostbaren Schatz. Hier werden nämlich Austern gezüchtet. Jule erinnert sich sofort an ihr erstes und einziges Austernerlebnis, das schon Jahre zurück liegt. Zitrone drauf und runterschlürfen. Ein großer Schluck Meerwasser mit glibbriger Füllung, so schien es ihr. Aber Michi weiß, dass die Sylter Royal, so heißt Deutschlands einzige Auster nämlich, unter Kennern als besondere Delikatesse gilt. Jule muss an die schlankgehungerten Damen vom Strand denken. Kein Wunder, so ein Schluck Meerwasser kann ja keine Kalorien haben. Michi nickt und erklärt, dass Austern zwar zu 85 Prozent aus Wasser bestehen aber trotzdem jede Menge Nährstoffe enthalten.

Aufzucht und Pflege der Sylter Austern

Bis zur zweiten Hälfte des vorletzten Jahrhunderts wurden Austern noch von Segelbooten mit Schleppnetzen vom Wattboden gefischt. Zwischen Rømø und Föhr gab es fast 50 Austernbänke, die jährlich vier bis fünf Millionen Austern abwarfen. 1882 musste der Fang aber wegen Überfischung eingestellt werden. Die Schleppnetze hatten der natürlichen Vermehrung der Austern keine Chance gelassen.

Seit den 1980er-Jahren des 20. Jahrhunderts werden im Sylter Wattenmeer Austern in sogenannten Tischkulturen gezüchtet. Sie liegen in wasser-, licht- und nährstoffdurchlässigen Netzen auf Eisengestellen, um bei Flut vom gehaltreichen Wasser der Nordsee überspült zu werden. Per Hand werden zu den Ebbezeiten regelmäßig Tang und Algen entfernt, außerdem muss man die Austern daran hindern, miteinander zu verwachsen. Das geschieht, indem sie möglichst häufig gewendet und gerüttelt werden. Da Frost und Eis die Tiere töten können, werden sie im November jeden Jahres zur Überwinterung in klimatisierte Austernbecken gebracht, wo sie bis März mit frischem Meerwasser umspült werden. Nach zwei bis drei Jahren haben die kostbaren Meeresfrüchte ein optimales Gewicht von 70–90 Gramm erreicht und sind reif für den Verzehr.

Während Jule noch nachdenklich über die Bucht blickt, hört sie Schritte näherkommen. Im Rückspiegel sieht sie zwei Frauen in perfektem Laufdress die Straße hinaufkeuchen. Das Gesicht der linken ist ganz rot vor Anstrengung, das der rechten dagegen so stark gebräunt, dass Röte keine Chance mehr hat, gesehen zu werden. Interessiert mustert Jule den Körperbau der beiden, der sich unter den engen Hosen und T-Shirts deutlich abzeichnet. Die Rotgesichtige hat etliche Pfunde zu viel auf den Hüften, während die Braungebrannte eindeutig zu mager ist. Als die beiden sich Jules Auto nähern, kann sie einen Teil ihrer Unterhaltung aufschnappen.

»Räucheraal«, japst die Dünne, »das geht ja nun gar nicht. Da könnte ich auch gleich Schlagsahne in mich hineinstopfen.«

»Ganz frisch aus dem Rauch und dazu ein gebuttertes Vollkornbrot«, antwortet die Üppige, »da kann ich selten widerstehen.«

»Aber für deine Figur ist das das reine Gift, Süße. Warum probierst du's nicht mal mit ...«

Die nächsten Worte kann Jule nicht mehr verstehen, denn die Läuferinnen haben ihr Auto schon hinter sich gelassen. Aber Jule kann sich die Fortsetzung des Satzes auch so denken. Fast würde sie etwas darauf wetten, dass »Austern« das Zauberwort der Dünnen ist. Vielleicht ginge noch »Kaviar«, aber Störe werden vor Sylts Küsten ganz bestimmt nicht gefangen.

Wanderdünen und Bürgermeister

Das Listland

Auf Jules Fahrt zurück zur Hauptstraße stellt sich immer wieder der lästige Husten ein. Das Schlafen am Strand ohne Schlafsack war sicher nicht die beste Idee, denkt sie sich und überlegt, ob davon auch der Druck auf der Brust kommt. An ein tiefes Durchatmen ist gar nicht zu denken. Jules Brustkorb fühlt sich an, als läge eine schwere Last auf ihm.

Wenn ich jetzt krank werde, dann kann ich den Urlaub vergessen, überlegt Jule, und gleich geht es ihr noch schlechter. Schließlich ist sie ganz allein und Michi wird sie wohl kaum ins Krankenhaus fahren können, wenn es schlimmer werden sollte.

Jule braucht einen Arzt. Den wird es in List bestimmt geben, tröstet sie Michi, denn an der Nordspitze der Insel leben immerhin noch 2.500 echte Sylter. Und in Kampen? 600 weiß Michi. Jule ist froh, dass es bis nach List und damit zur nächsten Arztpraxis nur noch zwei Kilometer sind.

Davor gibt es auf der linken Seite der Fahrbahn noch etwas Erstaunliches zu sehen. Inmitten von Heidekraut und Gräsern erhebt sich eine riesige, weiße Düne aus saharafeinem Sand. Seltsam, wie mag die hierher gelangt sein, fragt sich Jule und schätzt die Länge der Düne auf bestimmt 500 Meter und die Höhe auf 20 Meter. Michi korrigiert sie sofort. Die Große Lister Wanderdüne ist etwa einen Kilometer lang und 30 Meter hoch. Und sie bewegt sich jährlich um etwa fünf Meter nach Osten, verkündet er vorlaut.

Du spinnst, sagt Jule zu Michi, ich glaub dir kein Wort! *Große Lister Wanderdüne,* das hast du dir doch gerade ausgedacht. Die Düne hätte doch längst die Straße unter sich begraben. Nur weil ich jetzt nicht anhalten und das alles genauer nachlesen kann, versuchst du, mir einen Bären aufzubinden!

Wanderdünen auf Sylt

Bis zum Ende des 19. Jahrhundert waren der Norden und der Süden der Insel Sylt von Wanderdünen bedeckt. Die starken, aus dem Westen kommenden Herbst- und Winterstürme trieben die losen Sandkörner die Dünen hinauf und über den Grat hinweg auf die andere Seite. Dort wurden die Körner abgelagert. Auf diese Weise bewegten sich die Dünen tatsächlich pro Jahr zwischen drei und zehn Meter weiter nach Osten.

In List und Rantum wurden früher ganze Äcker und Weiden Opfer der Dünen, gelegentlich sogar ein Haus. Mittlerweile bepflanzt man die Dünen und hält sie so an Ort und Stelle. Lediglich im Listland kann man immer noch die einzige Wanderdüne Deutschlands bestaunen. Sie steht unter Naturschutz und darf nicht betreten werden.

Damit sie nicht eines Tages tatsächlich über die Straße wandert, schafft man jedes Jahr die im Osten dazugekommenen Sandmassen mit schwerem Gerät wieder hinüber an den Westrand der Düne.

Bevor sich Jule richtig mit Michi streiten kann, zieht eine Bäckerei am Ortseingang von List ihre Aufmerksamkeit auf sich. Kurzentschlossen parkt sie davor. Der Laden hat bereits geöffnet und es gibt im Inneren sogar zwei kleine Tische zum Frühstücken. Neugierig mustert Jule die Auslage und kann sich lange nicht entscheiden, welches Kuchenteilchen sie denn zu ihrem Kaffee nehmen soll.

»Können Sie mir etwas empfehlen?«, will sie von der Verkäuferin wissen und muss schon wieder husten.

»Bürgermeister«, antwortet die Verkäuferin wortkarg und legt auch gleich ein Stück Blätterteigkuchen auf Jules Teller.

»Ist das hier eine Spezialität?«

Die Verkäuferin zuckt die Achseln, als ginge sie das alles wenig an, fügt dann aber kurz angebunden hinzu: »Ist immer schon mittags ausverkauft. Wird also nicht ganz schlecht sein.«

Rezept für den echten Sylter Bürgermeister

Zutaten für den Teig

125 ml	Milch
35 g	Hefe
500 g	Mehl
60 g	Zucker
1 Prise	Salz
75 g	Butter
1	Ei

Füllung und Zuckerguss

250 g	Butter
30 g	Mehl
200 g	Marzipan
200 g	Zucker
200 g	Butter
100 g	Puderzucker
2 EL	Wasser
100 g	Mandelblättchen

Zubereitung

Für den Teig die Hefe in der lauwarmen Milch auflösen und kurz warm stellen. Mehl in eine Schüssel sieben und eine Mulde in die Mitte drücken. Zucker und Salz über das Mehl streuen, Butter in Flocken am Rand verteilen. Das Ei ebenfalls auf den Rand der Mulde setzen. Milch-Hefe-Mischung in die Mulde gießen. Alle Zutaten zu einem glatten Teig kneten und diesen abgedeckt an einem warmen Ort 30 Min. gehen lassen. Anschließend noch einmal mit Mehl durchkneten und zu einem Rechteck von 35 x 45 cm ausrollen.

Für die Füllung zunächst Butter und Mehl verkneten und zu einem Rechteck von 20 x 25 cm ausrollen. In die Mitte des größeren Hefeteigrechtecks legen und damit einschlagen. Anschließend erneut ausrollen (auf etwa 45 x 55 cm). Das mittlere Drittel jeweils mit dem linken und rechten Drittel des ausgerollten Teigs einschlagen. 20 Min. kühl stellen. Dann zu einem Rechteck von 55 x 65 cm ausrollen.

Marzipan, Zucker und Butter verkneten und auf den Teig auftragen. Die Fläche längs in drei gleich große Streifen schneiden und diese jeweils von der Längsseite her aufrollen. Aus den drei Rollen einen Zopf flechten. Bei 160 °C etwa 30–40 Min. backen.

Puderzucker mit Wasser zu einem Zuckerguss glatt rühren. Den lauwarmen Zopf damit bestreichen und mit angerösteten Mandelblättchen bestreuen.

Den Zopf anschließend in dreieckige Stücke schneiden und den Sylter Bürgermeistern so ihre typische Form geben.

Nach dem ersten Biss in das mit Marzipan gefüllte Teilchen kann Jule gut verstehen, dass dieser Kuchen begehrt ist. Als sie ein zweites Stück bestellt, nickt die Verkäuferin wohlwollend und wird auch gleich gesprächiger.

»Ist was Feines, oder?«

»Köstlich.«

Jule muss husten, dabei gerät ein Krümel in ihre Kehle. Die Verkäuferin haut ihr kräftig zwischen die Schulterblätter.

»Hört sich aber nicht gut an, Ihr Husten.«

»Der Hals tut auch weh, wissen Sie vielleicht einen Arzt?«

»Dr. Meinert.« Die Verkäuferin sieht auf ihre Armbanduhr. »Ist der einzige Arzt in List, der schon um acht aufmacht. Ist auch sonst vom alten Schlag. Der hilft Ihnen bestimmt.«

Nachdem Jule die Adresse erfahren hat, macht sie sich auf den Weg zu der Praxis. Sie fährt weiter nach Norden, am Hafen und am Anleger für die Rømøfähre vorbei und biegt dann nach links ab. Vor einer lang gestreckten Backsteinsiedlung hält Jule an. Die Straße wirkt verlassen, nur ganz am Ende läuft ein junger Mann zu einem alten VW-Bus. Er verstaut ein Surfbrett auf dem Wagen und steigt dann ein. Jule findet, dass er verdammt gut aussieht, und irgendwie erinnert er sie sogar an jemanden. Aber an wen? Schließlich hat sie hier noch nicht so viele Leute kennengelernt. Vielleicht ist es einer der jungen Leute vom Strand?

Jule überlegt kurz, ob sie hinüberlaufen soll, um sich Klarheit zu verschaffen. Aber dann überfällt sie eine neue Hustenattacke, und als sie sich wieder beruhigt hat, biegt der VW-Bus gerade um die Ecke am Ende der Straße und verschwindet aus ihrem Blickfeld. Wahrscheinlich habe ich den Typen noch nie gesehen, tröstet sich Jule und weiß nicht genau, ob sie erleichtert oder enttäuscht sein soll. In jedem Fall aber ist sie krank und braucht dringend einen ärztlichen Rat. Energisch stößt sie die Tür des Backsteingebäudes auf, in dem die Praxis von Dr. Meinert liegt.

Reizklima und Sturmflut

List

Vergeblich schellt Jule an der Praxistür – noch ist niemand da. Also setzt sie sich im dämmrigen Treppenhaus auf die Stufen, um auf Dr. Meinert zu warten. In der Zwischenzeit zählt Jule ihr Geld. Das Frühstück war billig, sieben Euro mit Trinkgeld. Bleiben 6.367 Euro übrig, die sie auf der Insel ausgeben kann. Falls sie wieder gesund wird.

Als ein alter Mann keuchend die Treppe hinaufkommt, hält Jule ihn zunächst für einen weiteren Patienten, der auch auf den Beginn der Sprechstunde warten möchte. Aber der Mann zieht einen Schlüsselbund aus seiner Tasche und öffnet die Tür. Erst danach wendet er sich zu Jule um.

»*Moin.* Sie woll'n zu mir?«

Jule nickt.

»Na, dann man rein in die gute Stube.«

Umstandslos geleitet er sie in sein Sprechzimmer, wo er sich in der abgewetzten Cordhose und dem Karohemd hinter seinen Schreibtisch setzt.

»Kittel und solchen Firlefanz habe ich mir längst abgewöhnt«, sagt er, als er Jules Blick bemerkt. »Meine Patienten kennen mich schon ihr halbes Leben. Die wissen sowieso, was unter dem Kittel steckt. Aber wie Sie auf mich gekommen sind, wüsste ich gern.«

»Ich hab die Bäckereiverkäuferin gefragt. Vorn am Ortseingang.«

»Sinje Larsson.« Dr. Meinert nickt. »Is' 'ne liebe *Deern*, die Sinje. Hab sie selbst geholt. Im Februar '62 war das. Mitten in der großen Sturmflut. Hatte damals gerade das Studium fertig und eine Stelle an der Nordseeklinik. Hab noch bei meinen Eltern im Haus gewohnt. Unten in Hörnum. War auch damals schon nicht so leicht, eine bezahlbare Wohnung aufer Insel zu finden. Und dann dieser Sturm. Die ganze Nacht lang Orkanböen, das müssen Sie sich mal vorstellen, junge Frau. Da geiht bald gar nichts mehr. Da fliegen Ihnen die Strandkörbe um die Ohren und sie könn' froh sein, wenn das Dach aufm Haus bleibt. Fast alle Deiche sind gebrochen und schließlich war Hörnum ganz vonner Insel abgeschnitten – 'ne eigene Insel sozusagen. Wir dachten, die Welt geiht unter und die Sonne nie wieder auf. Meine Mutter betete ohne Pause, das machte man damals nämlich noch. Und dann hämmert plötzlich der Nachbar an die Tür. Fast hätte es ihn weggeweht auf seinem kurzen Weg. Pitschnass kam er aus Sturm, Hagel und Finsternis und war völlig verzweifelt. Seine Frau, Grete Larsson, hatte ausgerechnet in dieser Nacht ihre Wehen gekriegt. Die schreit wie am Spieß, war alles, was Pieder sagte. Na, da bin ich rüber, meine Ausbildung in der Gyn war ja noch nicht so lange her, und zwei Stunden später hatten wir die proppere Sinje geholt. Tja, und jetzt hat sie selber längst zwei erwachsene Mädels. Die sind aber ganz ordentlich inner Nordseeklinik zur Welt gekommen. Hatte ich nichts mit zu tun«, fügt der alte Arzt augenzwinkernd hinzu.

Sturmfluten auf der Insel Sylt

Die Sturmflut in der Nacht vom 16. auf den 17. Februar 1962 war die schwerste Sturmflut der letzten 100 Jahre. Die Orkanböen tobten mit Geschwindigkeiten von bis zu 200 Stundenkilometern. Meterhohe Wellen zerstörten zahlreiche Deiche. Der Ort Hörnum wurde zeitweilig vom Rest der Insel getrennt.

Am 3. Januar 1976 suchte eine weitere schwere Sturmflut die Insel heim und verursachte die bis heute höchsten Wasserstände überhaupt. Tausende Touristen saßen auf Sylt fest, unter ihnen auch der Journalist Werner Höfer, der für seine Sendung *Frühschoppen* von der Insel zugeschaltet wurde.

Bei der Sturmflut 1981 drohte der damaligen Gemeinde Sylt-Ost (inzwischen mit Rantum und Westerland in der Gemeinde Sylt aufgegangen) die komplette Evakuierung. Und zum Abschied des letzten Jahrhunderts verwüstete der Orkan Anatol 1999 Teile der Insel. Unter anderem entwurzelte er viele der alten Bäume um die Kampener Kupferkanne.

»Jetzt aber zu Ihnen. Vonner Insel sind Sie nich', oder?«

»Ich mache Urlaub hier ...«, setzt Jule an, wird aber sogleich unterbrochen.

»Seit wann?«

»Vorgestern.«

»Und jetzt ham Sie Husten? Schwere aufer Brust? Atemnot?«

»Genau. Woher wissen Sie das?«

Der alte Arzt lacht. »Ham Sie schon mal was vom Reizklima gehört?«

Jule nickt. »Das soll das Immunsystem stärken, deshalb ist Urlaub an der Nordsee ja so gesund. – Aber ich bin doch krank geworden.«

»Gesundheit und Krankheit liegen manchmal näher beieinander, als man glaubt. Sie wissen, wie eine Impfung funktioniert?«

»Ähm ... der Körper bekommt kleine Mengen Krankheitserreger eingeflößt und bildet dagegen Abwehrkräfte?«

»Genau. Erst mal wird er alarmiert und denkt, da kommt was auf ihn zu. Deshalb wehrt er sich. Mit dem Reizklima kann das genauso sein.«

»Sie meinen, ich habe Atembeschwerden, damit ich später besser atmen kann?«

»So ungefähr. Unsere Luft ist sehr sauber und schadstofffrei. Außerdem ist sie voller Aerosole, das sind winzig kleine Meerwassertropfen, die beim Brechen der Wellenkämme in die Luft geraten. Diese Tröpfchen enthalten alle möglichen Mineralstoffe, vor allem Salz, Jod und Magnesium aber auch viele andere Spurenelemente. Das atmen Sie jetzt seit zwei Tagen ein.«

»Und letzte Nacht habe ich auch noch am Strand geschlafen«, sagt Jule kleinlaut.

»Na, sehen Sie. Näher an der Quelle ging's ja gar nicht. Ihr Körper, der ist nicht an diese Luft gewöhnt, also reagiert er zunächst etwas gereizt. Das Klima regt den Stoffwechsel und überhaupt die Aktivität des Körpers an und erreicht damit unter Umständen erst einmal das Gegenteil vom Erwünschten, nämlich eine Irritation. Ihr Körper teilt Ihnen einfach mit, dass er die anderen Luftverhältnisse wahrgenommen hat. Im zweiten Schritt wird er sich daran gewöhnen und davon profitieren.«

»Heißt es deshalb auch immer, dass man nicht zu kurz hierbleiben soll?«

»Genau. Wenn Sie sich nur amüsieren wollen, können Sie auch übers Wochenende kommen. Wenn es aber was für die Gesundheit bringen soll, dann sollten es schon drei, besser vier Wochen sein. Da bekommen Sie dann auch schon manche Haut- und Atemwegserkrankungen kuriert.« Der Arzt steht auf, greift nach seinem Stethoskop und horcht Jules Brustkorb ab. »Ich verschreibe Ihnen jetzt etwas zum Abhusten. Und sie suchen sich für die nächste Nacht wieder ein Zimmer. Versprochen?«

Jule nickt.

»Wenn Sie mögen, fragen Sie mal bei meiner Schwägerin nach, die vermietet manchmal die Dachstube. Vielleicht ist sie ja noch frei.«

Er kramt in einer Schublade, bis er eine schon etwas angegilbte Visitenkarte findet.

»Oh, vielen Dank. Ich werde mich gleich bei ihr melden.«

»Und wenn Sie noch einen Tipp für die nächsten Stunden haben wollen: Gehen Sie in die Strandsauna. Das ist das beste, um Ihre Abwehrkräfte zu stärken. Gleich am Ortsausgang rechts steht die Hinweistafel. Und jetzt ab mit Ihnen!«

Nackte und Surfer

Am Ellenbogen

Nachdem Jule das Medikament besorgt und Ihren Rollkoffer bei einer wortkargen, aber nicht unfreundlichen alten Dame untergestellt hat, die tatsächlich noch ein freies Zimmer hatte, macht sie einen Kassensturz. Die Behandlung bei Dr. Meinert zahlt die Krankenkasse. Die Medikamente kosten 32 Euro, dazu kommen zehn Euro Praxisgebühr und die Übernachtungskosten in Höhe von 95 Euro. Macht 137 Euro weniger im Portemonnaie. Bleiben 6.230 Euro, die Jule allerdings nicht mit in die Lister Strandsauna nehmen wird.

Die Zimmerwirtin beschreibt ihr den Weg. Gleich hinter der Wanderdüne geht es rechts ab, und bald sieht Jule auch schon den Parkplatz.

Nach einem kurzen Fußweg durch ein lang gestrecktes Dünental findet sie das Saunagelände in einer großen Mulde. Mehrere Holzhäuser reihen sich aneinander und der Duft von Saunaaufgüssen hängt in der Luft. Jule zahlt 15 Euro für die Tageskarte und zieht sich aus. Wenig später liegt sie allein in einer Saunakabine, die nur von dem Licht erhellt wird, das durch ein kleines Fenster fällt.

Die Aussicht auf Dünengras, Sand und einen Himmel, der immer blauer wird, macht Jule ganz glücklich. Dazu kriecht ihr die wohlige Wärme in alle Glieder – perfekt.

Strandsaunen auf Sylt

Strandsauna Listland
Weststrandstraße 333f, List
Tel. 04651 / 87 71 74
www.strandsauna-list-auf-sylt.de

La Grande Plage
Riperstig am Weststrand, Kampen
Tel. 04651 / 88 60 78
www.grande-plage.de

Samoa
Hörnumer Landstraße 70, Rantum
Tel. 04651 / 95 79 42
www.strandsauna-samoa.de

Strandsauna Rantum
Hörnumer Straße 3, Rantum
Tel. 04651 / 83 41 86
www.strandsauna.de

Strandsauna Hörnum
Süderende 25, Hörnum
Tel. 04651 / 88 03 00
www.strandsauna-hoernum.de

Noch schöner findet Jule es, nach dem Saunagang barfuß durch den weichen Sand bis hinunter zum Strand zu laufen. Auch hier ist fast niemand, nur die Silhouetten von einzelnen Spaziergängern zeichnen sich am Horizont ab. Jule blickt zur Sonne, die ziemlich hoch an einem mittlerweile völlig wolkenlosen Himmel steht. Dann rennt sie los, Richtung Süden, der Sonne entgegen. Nackt, barfuß, den feuchten Sand zwischen den Zehen, die Sonne auf dem Körper und den Wind in den Haaren. Herrlich. Vielleicht sollte sie jetzt ins Wasser gehen? Aber dann müsste sie nach dem Baden den ganzen Weg ausgekühlt wieder zurücklaufen, das wäre bestimmt nicht gut für ihren Hals. Also umkehren.

Als Jule wieder an dem Strandabschnitt vor der Sauna angekommen ist, sind bereits einige andere Nackte im Wasser. Und weiter draußen flitzen ein paar waghalsige Surfer in atemberaubenden Geschwindigkeiten über die Wellen. Einigen gelingt es sogar, von der Kuppe einer Welle zur nächsten zu springen. Fasziniert beobachtet Jule eine Weile lang ihr Treiben. Dann läuft sie noch ein kleines Stückchen weiter Richtung Norden.

Wassersport auf Sylt

Segeln

Für Segler gibt es sicher bessere Reviere, denn die See vor Sylts Westküste gilt als tückisch und unberechenbar. Wer aber gut mit dem Katamaran umgehen kann, wird auch hier seine Freude haben. Und in den Segelschulen auf der Wattseite können Anfänger erste Erfahrungen sammeln.

Windsurfen

Könner sind an der stürmischen Westseite richtig aufgehoben. Kinder und Lernende finden auf der ruhigeren Wattseite perfekte Übungsmöglichkeiten. Zuschauer kommen ebenso wie die Profis beim alljährlichen Windsurf World Cup Sylt Ende September voll auf ihre Kosten. Auch die Deutschen Windsurfing Meisterschaften werden hier ausgetragen. Begleitend gibt es in der Inselhauptstadt jede Menge Events.

www.windsurfcup.de

Kitesurfen

Wem der Nervenkitzel des Windsurfens nicht reicht, der schnallt sich unter einen Kite. Die bunten Segel sieht man von Hörnum bis List überall am Weststrand durch die Luft schnellen. Die Kitesurf-Trophy, die Deutsche Meisterschaft im Kitesurfen, fand 2003 zum ersten Mal auf der Insel statt, und zwar am Kampener Strand. Der Zuschauerandrang wurde schnell so groß, dass das Event nach Westerland umziehen musste.

www.kitesurf-trophy.de

Wellenreiten

Ganz ohne Segel kommt man beim Wellenreiten aus. Die ursprünglichste aller hier beschriebenen Sportarten lässt sich nur an der Westküste betreiben, dort aber fast überall. Und meist muss man auf die richtigen Wetterverhältnisse nicht lange warten. Westwind mit Stärken von mindestens vier oder fünf gibt es auf Sylt oft. Und Ostwind macht perfekte Druckwellen. An der Kampener Buhne 16 findet jedes Jahr Anfang September ein ausgefallenes Event für Freunde des Retro-Sports statt, das Longboardfestival.

www.buhne16.de

Jule will beim Baden allein sein. Sie will so richtig gegen die Wellen anbrüllen, den Frust über Max' Betrug herauslassen, die eigene Kraft spüren. Der Strand scheint breiter geworden zu sein, vermutlich kommt die Ebbe. Eigentlich merkwürdig, dass die Wellen trotzdem recht hoch sind, denkt Jule noch, dann ist sie ganz damit beschäftigt, die Kälte zu ignorieren. Aber bald haben sich ihre Beine daran gewöhnt, sie reibt beide Arme mit dem salzigen Wasser ab und taucht schließlich den ganzen Oberkörper unter. Das Wasser ist viel kälter als erwartet, für einen Moment fühlt sich Jule wie gelähmt, aber dann kommt auch schon die nächste Welle und reißt sie von den Beinen. Nur mit Mühe kann Jule den Kopf oben behalten. Als sie wieder Grund unter den Füßen hat, steht sie ziemlich tief im Wasser, aber zum Nach-vorn-Laufen ist es zu spät, schließlich muss sie die Brandung beobachten.

Zwei weitere Wellen pariert Jule ganz gut, einmal wirft es sie zwar noch um, aber sie ist schnell wieder oben – und hat sogar einen Moment zum Ausruhen, denn vor ihr liegt ein erstaunlich langes Wellental. Doch Jule merkt schnell, dass an Entspannung nicht zu denken ist, denn plötzlich zieht eine fiese Unterströmung mit Macht an ihren Beinen. Und kurz bevor sie sich eigentlich voll auf die Welle konzentrieren müsste, die auch noch immer weiter und weiter wächst, knicken Jules Knie ein, die Unterströmung bekommt noch mehr Körpermasse zu fassen und zieht Jule tief unter die große Welle. Egal, denkt sie, Luft anhalten und so tun, als tauche ich unter der Welle hindurch. Aber die will gar nicht mehr aufhören, sie wirft Jule von den Beinen auf den Kopf und dann wieder auf die Beine. Es ist doch Sand, was sie da unter den Füßen hat, oder? Wurde auch Zeit, denn langsam wird die Luft knapp.

Doch als Jule sich vom Grund nach oben hin abstoßen will, rutscht der schon wieder weg, sie weiß überhaupt nicht mehr, wo oben und wo unten ist, sie rudert mit den Armen, sie zappelt mit den Beinen, das ist alles längst kein Spaß mehr! Jule will jetzt nach oben, sie will den Kopf aus dem Wasser strecken, sie will atmen, sie muss atmen, sie kann doch nicht hier in den wirbelnden Fluten den Mund öffnen, da ist doch gar keine Luft, nur Sog und Druck, jetzt sogar auf ihren Augendeckeln, in ihren Ohren, das Wasser stürmt auf Jules Körper ein, es wird in ihn eindringen, ihn von innen ausspülen, Jule muss dagegen ankämpfen, jetzt sofort, sie öffnet den Mund zu einem großen Schrei – und wird im gleichen Moment fest am rechten Arm gefasst.

Jule wehrt sich. Jetzt geht es ums Ganze. Kein Zweifel, das Meer greift nach ihr, es will sie ganz nach unten ziehen, hinein in die gruselig dunkle Tiefe. Mit letzter Kraft schlägt Jule um sich und trifft auf Festes, aber das ist wieder kein Meeresgrund, sondern Körper, ein Arm, ein Bizeps, ein Kopf. Plötzlich wird es hell um Jules herum, erschrocken reißt sie die Augen auf und natürlich auch den Mund, Luft strömt in ihre Lungen – endlich wieder.

Jule japst und prustet, immer noch fehlt ihr jedes Gefühl für oben und unten, sie sieht nur schäumendes Wasser, weiße Gischt auf grauer Fläche, schon peitscht ihr wieder eine Welle ins Gesicht. Überhaupt ihr Gesicht, ihr ganzer Kopf hängt nach unten und die Arme baumeln noch weiter hinab. Außerdem bewegt sich Jule, obwohl sie nicht läuft. Oder bewegt sich nur die Wasserfläche unter ihr? Nein. Sie wird getragen, merkt sie jetzt, unter ihrem Bauch fühlt sie eine kräftige Schulter, da laufen fremde Beine durchs Wasser, das jetzt flach ist und nur noch spielerisch gegen die blond behaarten Männerwaden schlägt.

Wer bist du?, will Jule fragen, aber aus ihrem Mund kommt nur ein Schwall Wasser, der ihrem Retter über den Rücken läuft.

»Spuck's alles aus«, hört sie jetzt und wird auch schon auf den Sand gelegt. Ein großer Blonder, dem die nassen Haare strähnig ins Gesicht hängen, dreht sie auf die Seite und schlägt kräftig auf ihren Rücken. »Los, noch mal, das Meerwasser muss wieder raus aus der Lunge!«

Und tatsächlich kommt noch ein zweiter Schwall.

Jule schämt sich. Der Typ vor ihr ist nicht viel älter als sie selbst, er ist ziemlich außer Atem und streicht sich gerade mit beiden Händen die nassen Haare aus dem Gesicht. Er trägt eine quietschgelbe Boxershorts mit kleinen grünen Tannenbäumen drauf und darüber klebt ein weißes T-Shirt an seiner Brust. Da muss Jule lachen.

»Es ist doch gar nicht Weihnachten«, ist das Erste, was sie zu ihrem Retter sagt.

»Was? Ach so, die Hose. Kleiner Geck unterm Tannenbaum von meiner letzten Freundin.«

Er lächelt etwas beklommen und sieht Jule nicht richtig an. Vielleicht weil sie nackt ist? Dabei hat er doch so wahnsinnig hellblaue Augen, denkt Jule gerade, als sich etwas in ihrer Erinnerung regt. »Sag mal, fährst du Taxi?«

Nun sieht er genauer hin, vor allem in Jules Gesicht, und muss grinsen. »Hey, du bist die Schnapsleiche aus meiner Kampen-Fuhre vorgestern, oder?«

»Hättest du ruhig netter ausdrücken können, aber im Prinzip hast du recht.«

Jule setzt sich auf. Mit Verspätung wird ihr jetzt klar, in welcher Situation sie sich befinden.

»Du hast mir eben das Leben gerettet, kann das sein?«

»Hundertprozentig koordiniert hast du jedenfalls nicht mehr gewirkt.« Der Blonde zieht sein nasses T-Shirt über den Kopf und die Boxershorts aus und lässt sich neben sie in den Sand fallen. »Jetzt bist du nicht mehr alleine nackt – und ich fühl mich besser, nicht so spannermäßig«, erklärt er knapp. Dann streicht er sich noch mal durch die Haare und fragt mit strenger Stimme: »Was ist eigentlich in dich gefahren, hier baden zu gehen? Die Bademeister sind doch da vorn.«

»Ich wollte allein sein«, gibt Jule kläglich zu.

»Allein, klar doch. Das hättest du ja auch fast geschafft.«

»Bist du zufällig hier gewesen?«

»Was denkst du denn? Dass ich dir nachgelaufen bin?«

»Nein, so war das nicht gemeint. Ich meinte eher ...«, Jule stockt und erschrickt vor ihren eigenen Gedanken. »Ich meinte, wenn du nicht hier gewesen wärst ... glaubst du, ich wäre ertrunken?«

»Nicht auszuschließen. Du hattest schon die Reflexe, mit denen sich Ertrinkende gegen ihre Retter wehren. Sehr hilfreich übrigens, wenn man selbst mit den Wellen kämpft.«

»Entschuldige. Ich hab das gar nicht mitbekommen. Ich weiß auch nicht ...« Jule sucht nach Worten.

»Mach dir keine Sorgen, das ist völlig normal.«

»Woher weißt du das?«

»Hab mal 'ne Rettungsschwimmer-Ausbildung gemacht, kann man hier auf der Insel immer gebrauchen – und als Mediziner sowieso.«

»Du bist Arzt?«

»Nee. Student. Sechstes Semester Medizin in Kiel. Ich heiße übrigens Morten. Und du?«

»Jule.«

Typisch friesische Vornamen

Männer: Bleick, Boy, Ebbe, Fedder, Heick, Jap, Jerk, Matz, Meinert, Morten, Nils, Sönke

Frauen: Dela, Gondel, Erkel, Inken, Maiken (oder Moiken), Merret, Sinje (auch Sünje), Sylta

Häufige Abkürzungen von Namen

Männer: *Adje* für Arthur, *Andres* für Andreas, *Benje* für Bernhard, *Corl* für Carl, *Fiete* für Friedrich, *Hanne* für Johannes (statt Hans), *Hein* für Heinrich, *Julus* für Julius, *Kalle* für Karl, *Kitje* für Christian, *Peer* für Peter, *Thedje* für Theodor, *Willem* für Wilhelm

Frauen: *Dinje* für Christine, *Maj* (oder *Mai*) für Maiken, *Kressen* für Christina

»Und woher kommst du?«, fragt Morten.

»Berlin. Und du?«

»Meine Familie stammt vonner Insel. Alles Fischer und Entenfänger. Ich bin der erste, der ausgebüchst ist. Aber jetzt sind Semesterferien und ich jobbe hier ein bisschen.«

»Als Taxifahrer.«

»Genau. Im Betrieb von meinem Onkel. Und im Nebenberuf rette ich kleine Berliner Mädchen vor übergriffigen Münchnern und tobenden Wellen.«

»Ich bin nicht klein.«

»Natürlich nicht. Du willst nur spielen.« Morten lacht, dann steht er auf. »Du bist doch bestimmt aus der Strandsauna gekommen. Da solltest du jetzt auch wieder hingehen und dich aufwärmen. Ist besser für den Organismus. Aber lass es langsam angehen, nicht gleich ins heißeste Häuschen, hörst du?«

»Ja, Herr Doktor«, grinst Jule. »Sind das deine Sachen?« Sie deutet auf eine Kette von Kleidungsstücken, die sich über den Sand zieht.

Morten nickt. »Wenn ich das anbehalten hätte, wäre ich zu schwer geworden, dann hätte ich dich vielleicht nicht mehr zu fassen gekriegt«, erklärt er, steigt in seine Jeans und zieht sich den Fleecepulli über. »Ich war gerade mit meinem Surfboard hier angekommen, als ich dich entdeckt habe. Also denk in Zukunft dran: Es gibt gute Gründe dafür, dass das Baden außerhalb der bewachten Strände am Ellenbogen verboten ist. Die Unterströmungen sind echt tückisch und hier am Weststrand besonders stark. Zumal bei ablaufendem Wasser. Und dann bist du ja auch noch direkt aus der Sauna ins Wasser gelaufen. Andere kriegen bei der Gelegenheit gleich einen Herzkasper.«

»Ist ja gut, ich hab's verstanden. Kannst aufhören. Außerdem war ich heute früh schon beim Arzt.«

»Na, der hat dich bestimmt nicht ins Meer geschickt.«

»Aber in die Sauna. – Sag mal, was machst du heute Abend?«

»Taxifahren.«

»Wirklich? Ich würde dich gern einladen.«

»Musst du nicht.« Er guckt zögernd, als wäre er sich nicht ganz im Klaren darüber, ob es nur Höflichkeit ist, die Jule antreibt.

»Ich will aber. Wo wohnst du denn?«

»Hier in List. Meine Eltern haben ein Reihenhaus, da schlafe ich in meinem alten Zimmer.«

»Könntest du nicht heute Abend ausnahmsweise ein bisschen später mit dem Taxifahren und Mädchenretten beginnen? So um elf vielleicht? Dann könnten wir uns davor noch am Hafen treffen.«

»Okay.« Mortens Blick verweilt kurz auf Jules Gesicht, dann lächelt er. »Wenn du darauf bestehst. Sehr gern. Um acht ganz vorn auf der Mole, wie wäre das?«

»Super!«

Touristen und Fischköppe

Der Lister Hafen

Der Lister Hafen ist keine Schönheit, findet Jule, und idyllisch ist er auch nicht. Die große Anlage an Sylts Nordspitze besteht aus vier sehr unterschiedlichen Teilen. Zwischen dem eigentlichen Hafenbecken, in dem Ausflugsboote und kleinere Motor- und Segelschiffe festgemacht sind, und der Zufahrt zur Anlegestelle für die Autofähre nach Rømø gibt es einen riesigen Restaurant- und Shoppingbereich, der wiederum direkt an einen ebenso großen Parkplatz grenzt. Jule muss ihn trotz seiner Größe dreimal umrunden, bis sie endlich eine Lücke findet. Zum Glück ist sie extra eine Stunde vor ihrer Verabredung mit Morten gekommen, um sich ein wenig umzusehen.

Außer ihr hatten heute Abend mindestens 2.000 andere Touristen dieselbe Idee, sodass Jule sich fühlt wie auf einem gigantischen Straßenfest. Familien, junge und ältere Paare, alles drängt sich zwischen den flachen Holzbauten, die fröhlich bunt angestrichen sind. Erdbeerrosa, kobaltblau und schwedenrot. Vor den Souvenirläden flattern T-Shirts im Wind, Kinder jagen mit rudernden Armen den Möwen hinterher, die ihrerseits versuchen, vor oder hinter den

Fischbuden einen leichten Fang zu machen. Neben dem Knattern der Fahnen im Wind und einzelnen Musikfetzen sind es vor allem die vielen Menschenstimmen, die zu der rummeligen Geräuschkulisse beitragen. Das Zentrum des Ganzen ist zweifellos die Alte Tonnenhalle, die, wie Jule am Nachmittag von Michi gelernt hat, so alt gar nicht ist. Vor knapp zehn Jahren hat man den gesamten Hafenbereich umgestaltet. Wo früher nur die legendäre Fischbude von Jürgen Gosch stand und Hartgesottene bei Wind und Wetter auf einfachen Holzbänken Platz nahmen, um gegrillte Scampispieße mit viel Weißwein runterzuspülen, befindet sich nun ein ganzer Touristenzirkus.

Im Inneren der neu gebauten Tonnenhalle sieht Jule neben Fisch-, Tee- und Spezialitätengeschäften ein Restaurant, ein Café, einen Buchladen und unzählige Stände mit Modeschmuck, Taschen und Touristenartikeln. Es herrscht dichtes Gedränge und Jule ist froh, als sie die Halle wieder verlassen kann.

Vorbei an ganzen Reihen von Bierbänken, etlichen Werbebannern und noch mehr Souvenirbuden schlendert Jule zur Wasserkante. Links steht ein Gosch-Restaurant mit großen ausladenden Balkonen. Jule steigt die Stufen hinauf und reserviert einen Außentisch, der fast schon über dem Hafenbecken schwebt. Ganz bestimmt ist dies der nördlichste Restauranttisch Deutschlands, freut sie sich und sieht auf ihre Uhr. Jetzt wird auch Morten nicht mehr lange auf sich warten lassen.

Langsam schlendert Jule die breite Mole entlang. Mit jedem Schritt verebben die Stimmen der Menschen und die Geräusche des Wassers nehmen überhand. Es plätschert und gurgelt seitlich der Mole, es rülpst und klatscht gegen die hölzernen Anleger an ihrem Ende. An einem von ihnen lehnt Morten schon und lächelt ihr entgegen.

Zum ersten Mal hat Jule Gelegenheit, sich ihn in Ruhe anzusehen. Er ist größer als sie es in Erinnerung hat und ziemlich breitschultrig. Seine blonden Haare sind etwas länger, die Nase ist kräftig und das Kinn kantig. Insgesamt sieht er aus wie die ideale Filmbesetzung eines friesischen Lebensretters, findet Jule, und das Beste dabei ist: Nichts an Morten erinnert Jule an Max – bis auf den Anfangsbuchstaben des Namens natürlich.

»Du guckst ja so kritisch«, begrüßt Morten sie. »Ich hab mich extra in Schale geworfen«, er nestelt an seinem Fischgrät-Jackett. »Und ich erwarte jetzt keine skeptischen Blicke, sondern mindestens ein Kompliment.«

»Du siehst gut aus, wirklich«, sagt Jule, und weil sie das auch genau so meint, wird sie puterrot.

Morten tut, als bemerkte er nichts davon. Und um erst gar keine Peinlichkeit aufkommen zu lassen, legt er Jule den Arm um die Schulter und dreht sie zum Meer.

»Schau dir die See genau an. Früher hatten hier viele Fischer ihr Auskommen, unter anderem einer meiner Urgroßväter. Aber das lohnt sich schon lange nicht mehr. Die leckeren Garnelen, die du hier überall essen kannst, kommen inzwischen hauptsächlich aus Dänemark und den Niederlanden.«

»Und es gibt gar keine Fischer mehr hier in List?«

»Jedenfalls niemanden mehr, der sein Geld damit verdient. Nur noch zur Freude der Touristen. Siehst du da hinten den alten Schoner liegen? Gret Palucca heißt der, nach der Ausdruckstänzerin. Mit dem stechen alle zwei Stunden Horden von Touristen in See, um zu erleben, was sich so alles in einem Schleppnetz verfängt. Für Kinder ist das eine große Attraktion, besonders, wenn sie noch Tücher und T-Shirts bekommen, in denen sie sich wie Piraten fühlen können.«

»Aber früher war es ganz anders, oder?«

»Klar. Wer es authentischer mag, kann nachts immer noch mit dem allerletzten Krabbenfischer rausfahren. Der nimmt aber nur zwei Leute mit. Und auch nur zwischen Mai und September. Der Spaß ist nicht billig, aber dafür wirft der Fischer nicht nur sein Netz aus, sondern verarbeitet das Gefischte auch weiter. Er kippt den Fang auf sein Rüttelsieb, wo er die Strandkrabben, die kleinen Flundern und was da sonst noch alles mitkommt von den Nordseegarnelen trennt. Krabben und Kleinzeug wirft er zurück ins Wasser, nur die Garnelen werden gleich gekocht, und alle an Bord dürfen davon probieren.«

»Und wie werden die Garnelen sonst gefangen? Gewerbsmäßig, meine ich.«

»Mit viel größeren Schiffen und das ganze Jahr über. Mit Grundschleppnetzen. Die werden über den Meeresboden gezogen. Aber auch auf den großen Fischkuttern werden die Garnelen gleich gekocht. Oft sogar gleich eingefroren.«

»Ich bekomme richtigen Hunger, wenn du so was erzählst! Und ganz zufällig habe ich da hinten auf dem Balkon von Gosch einen tollen Tisch reserviert.«

»Du willst einen Sylter zu Gosch einladen?«

»Wo ist das Problem?«

»Ist ein bisschen sehr touristisch, bei uns heißt der Laden nur McGosch.«

»Echt?« Jule lacht. Doch dann wirft sie einen Blick hinauf zu dem großen Balkon des Restaurants, der fast über dem Hafen schwebt. »Ach, komm schon. McGosch hin oder her – ich fand die Aussicht umwerfend!«

»Na dann. Und nur damit du Bescheid weißt: Seit deiner Einladung heute Vormittag habe ich nichts mehr gegessen, mir aber mindestens drei Kochsendungen im Fernsehen angeschaut.«

»Ja klar. Nur weil dein Urgroßvater zufällig Krabbenfischer war, musst du mir jetzt kein Seemannsgarn aufbinden.«

»Na ja, ich geb's zu. Übrigens war er nicht *zufällig* Krabbenfischer, sondern weil das damals fast die einzige Möglichkeit auf der Insel war, sich und seine Familie zu ernähren.«

Fischereiwirtschaft auf Sylt

Vor dem Aufkommen des Tourismus waren Handel und Seefahrt die wichtigsten Erwerbszweige der Inselbewohner. Seit dem 13. Jahrhundert gab es auf Sylt Schellfisch- und Heringsfang, doch mehr als das Nötigste zum Leben warf beides nicht ab. Die Sylter Fischer waren arm. Erst am Ende des 17. Jahrhunderts bescherte der aufkommende Walfang ihnen einen bescheidenen Wohlstand. Fast die gesamte männliche Bevölkerung der Insel war damals in der arktischen Fischerei tätig. Später wandten sich viele Sylter Kapitäne der Handelsseefahrt zu. Zwar gab es im 20. Jahrhundert immer wieder Versuche, der wachsenden Bevölkerung durch den Aufbau einer Fischereiwirtschaft Existenzmöglichkeiten zu verschaffen, aber letztendlich erwies sich die Insel aufgrund ihrer abgeschiedenen Lage im Vergleich zu anderen, großen Fischereihäfen als nicht konkurrenzfähig.

»Gibt es denn auf Sylt keine Landwirtschaft?«, fragt Jule, während sie auf den Barhocker an dem reservierten Tisch klettert und fügt mit großer Geste hinzu: »Guck mal, jetzt liegt uns das ganze Meer zu Füßen.«

»Das stimmt, der Blick ist wirklich toll. Wenn man auf Wiesen und Weiden blicken will, muss man in Morsum oder Archsum essen gehen, da sitzen übrigens auch die einzigen Bauern der Insel. Ansonsten ist der Boden zu salzig und zu sandig. Außer Strandhafer und Heidekraut wächst hier nicht viel. Aber wie du schon sagst, dafür haben wir das Meer.«

Auch Morten lässt jetzt den Blick wandern. Im Hafen dümpeln die Schiffe, Masten schaukeln, Stahlseile klirren, Taue knirschen. Die Sonne steht immer noch hell über den Lister Häusern, aber die Schatten werden länger. Eine kleine Pause im Gespräch entsteht, dann räuspert sich Morten. »Darf ich dich mal was Persönliches fragen?«

»Klar.« Jule schluckt.

»Was machst du eigentlich hier auf der Insel?«

»Ferien?«

»Allein, ohne Familie und Partner? Warum Sylt?«

»Ich war neugierig. Wollte die Insel mal sehen. Außerdem muss ich nachdenken.«

»Worüber?«

»Mein Freund hat mich betrogen. Es war kein One-Night-Stand oder so, er hatte plötzlich eine andere Freundin. Einfach so. Aber das war nicht das Schlimmste. Das Schlimmste war, dass er es mir nicht gesagt hat. Angeblich weil er mir nicht wehtun wollte. Als ich die beiden dann zufällig getroffen habe, hat's natürlich auch kein bisschen wehgetan ...«

»Kann ich mir vorstellen.«

Jule merkt, dass sie gerade zum ersten Mal über ihren Schmerz, über ihre Gefühle geredet hat. Und sie merkt auch, dass es ihr die Stimmung verderben wird, wenn sie nicht ganz schnell dagegen ankämpft. Sie streicht sich mit energischer Geste die Haare hinter die Ohren und tippt auf die Speisekarte. »Weißt du schon, was du nimmst?«

»Kutterscholle und ein kühles Bier.«

»Ich werde den Salat mit Edelfischen probieren. Dazu Weißwein. Viel Weißwein! Ich kann nachher mein Auto stehen lassen, ich glaube, mehr als 20 Minuten brauche ich nicht zu meiner Unterkunft.«

»Wo wohnst du?«

»Am Ortseingang auf der Wattseite. Bei einer schweigsamen, alten Dame unterm Dach.«

»Wie kam's?«

»Dr. Meinert, der alte Arzt, hat mich hingeschickt. Und das Zimmer war tatsächlich frei.«

Morten lacht. »Wie ich sehe, tauchst du in die Inselstrukturen ein.«

»Stimmt. Es ist erst mein dritter Abend und schon sitze mit einem Einheimischen am Tisch – wenn auch in einem Tourischuppen.«

»Alle Achtung!« Morten lächelt und schaut Jule schon wieder zu lange in die Augen. Als die Kellnerin die Getränke bringt, hebt er sein Glas. »Auf deinen Urlaub zwischen Touristen und Fischköppen.«

»Fischköppe? Esst ihr die etwa mit? Nicht, dass auf meinem Salat auch welche rumliegen.«

»Du musst gar nicht so angeekelt gucken. Für Touristen wird hier nur Filet serviert. Aber uns Norddeutsche nennt manch einer Fischköppe. Ist nicht immer freundlich gemeint, hab ich gehört.« Er lacht.

Jule schüttelt energisch den Kopf.

»Ich habe heute nur nette, hilfsbereite Norddeutsche kennengelernt – bis auf dich natürlich«, fügt sie augenzwinkernd an.

»Na, hör mal, ich habe mein Leben für dich aufs Spiel gesetzt!«

»Ja klar, aber kennengelernt habe ich dich schon vor zwei Tagen. Ach, übrigens, eine Frage hätte ich noch: Weißt du zufällig, wie ich an dem Abend auf mein Zimmer gekommen bin?«

»Ehrliche Antwort?«

»Ist es so schlimm?«

»Wie man's nimmt. Erst wolltest du nicht aufwachen, dann wolltest du nicht aus dem Taxi steigen und schließlich wolltest du nicht ins Hotel. Auf keinen Fall.«

»Sondern?«

»Du wolltest mit zu mir nach Hause.«

»Ist nicht wahr.«

»Doch. Heiliges Fischkopp-Ehrenwort. Ich habe dich quasi mit Gewalt aus meinem Auto gezerrt und die Treppe hinaufgetragen bis in dein Zimmer. Du hast ganz schön gezappelt.«

»Oh Gott, ist das peinlich. Da muss ich ja besonders froh sein, dass du mich heute Vormittag nicht einfach hast ersaufen lassen.«

»Na ja, ich hab's kurz überlegt, aber dann hat mich der Gedanke an den hippokratischen Eid daran gehindert. Ich konnte ja nicht ahnen, dass du, kaum dass ich in deiner Nähe bin, wieder anfangen würdest zu zappeln.«

Jule boxt Morten in die Seite. Er hält ihre Hand fest und behält sie in seiner. Mit der anderen Hand hebt er ihr Kinn an, bis sie ihm genau in die Augen sieht. Wieder ist Jule beeindruckt von diesem unglaublichen Blau, in dem sich Meer und Himmel zu spiegeln scheinen. Wie magnetisch fühlt sie sich von diesen Augen angezogen und kommt Mortens Gesicht näher und näher. Er lächelt, lässt ihre Hand los und nimmt stattdessen Jules Kopf in beide Hände. Und dann küsst er sie. Jule schließt die Augen und genießt den Kuss. Kurz schießt der Gedanke an Max durch ihren Kopf, aber er verpufft irgendwo in ihren Hirnwindungen, ohne nennenswerte Spuren zu hinterlassen. Jule legt beide Arme um Mortens Hals und schmiegt sich eng an ihn. Möwen schreien, Wellen schwappen, von irgendwoher schallt ein kitschiger Schlager über die Hafenmole. Jule ist plötzlich ziemlich glücklich.

Dann nimmt Morten seinen Mund von ihrem und lehnt sich zurück, um ihr noch einmal in die Augen zu sehen. Lächelnd stellt er fest: »Und alles, ohne zu zappeln. Herzlichen Glückwunsch!«

Strandkorb und Friesenwall

Mitten im Dilemma

Als Jule am Ende des Abends von Morten in seinem klapprigen VW zu ihrer Unterkunft gefahren wird, ist sie definitiv ein bisschen verliebt. Allerdings hütet sie sich davor, Morten mit nach oben in ihr Zimmer zu nehmen. Vermutlich würde ihre Vermieterin komisch gucken, wenn am nächsten Morgen plötzlich ein junger Mann die Treppe runterkommen würde, aber das ist nicht der eigentliche Grund für Jules Zögern. Vielmehr muss sie immer an ihr Benehmen nach der nächtlichen Taxifahrt denken. Im Vergleich dazu möchte sie wenigstens heute ein bisschen standhaft wirken. Außerdem will Morten vielleicht gar nicht mit ihr nach oben kommen. Jedenfalls steigt er nicht mit ihr aus. Er küsst sie im Auto zum Abschied und macht ihr lediglich einen mysteriösen Vorschlag.

»Ich würde dich morgen gern mit einem weiteren waschechten Sylter bekanntmachen, der außerdem mein Ururgroßvater ist.«

»Der kann doch unmöglich noch leben«, wirft Jule ein.

»Du solltest ihn trotzdem kennenlernen. Morgen Vormittag um zehn? Passt dir das? Ich hole dich ab.«

Jule nickt und steigt aus dem Wagen. Neben der Fassade des Friesenhauses steht eine Laterne, deren Licht ihr hilft, den Schlüssel für die Außentür zu finden. Morten wartet, bis sie aufgeschlossen hat, dann braust er davon. Jule zieht die Tür leise ins Schloss, damit ihre Vermieterin nicht aufwacht, dann lehnt sie sich von innen gegen die Tür und atmet einmal tief durch. Sie ist tatsächlich verliebt. So ähnlich hat sie sich auch gefühlt, als sie Max zum ersten Mal begegnet ist. Überhaupt: Max. Er hat sich nicht ein einziges Mal gemeldet. Ich könnte tot sein, denkt Jule, ich könnte von irgendeiner Brücke gesprungen sein oder mich aus dem Fenster gestürzt haben. Max wäre das gleich, er würde es ja noch nicht einmal erfahren.

Morten dagegen hat sie jetzt schon zweimal gerettet. Vor diesem widerlichen Typ in Kampen und aus dem Meer. Lächelnd steigt Jule die Treppe zu ihrem Dachzimmer hinauf, als plötzlich ihr Handy klingelt. Das muss Morten sein! Beim Essen hat sie ihm ihre Nummer gegeben. Vielleicht ist er zurückgekommen und fragt sie doch noch, ab er mit auf ihr Zimmer kommen kann.

Jule nestelt im dunklen Treppenhaus das Handy aus ihrer Tasche und flüstert hinein: »Warte kurz, ich gehe raus in den Garten, dann wacht meine Vermieterin nicht auf.«

»Seit wann hast du einen Garten?«, will Max am anderen Ende der Leitung wissen.

Fast fällt Jule die Stufen hinunter, als sie so plötzlich seine Stimme hört. Diese tiefe Max-Stimme, mit der er so trockene Witze erzählen kann.

»Ich bin nicht in Berlin, sondern auf Sylt. Hier haben die Häuser Gärten und keine Hinterhöfe«, erklärt sie pampig.

»In Bayern haben die Häuser auch Gärten, ich kann mir also notdürftig vorstellen, wovon du redest.«

Max hört sich an, als wäre nie etwas zwischen ihnen vorgefallen, stellt Jule voller Empörung fest. Dass er sich das traut! Leise schließt sie die Außentür hinter sich. Zwischen dem Friesenwall, der das Grundstück umzäunt, und dem Haus steht ein Strandkorb, in den sich Jule jetzt fallen lässt. Sie ist plötzlich ganz verwirrt und starrt das Handy ungläubig an. Max soll sie angerufen haben? Träumt sie vielleicht schon?

»Max? Bist du noch da?«

»Ja.«

Also doch. Jule schluckt. Dann platzt es vorwurfsvoll aus ihr heraus: »Du hast dich nie gemeldet.«

»Ich dachte, du bist sauer auf mich. Schließlich hast du um dich geschlagen, als wir uns das letzte Mal gesehen haben.«

»Ich habe dir eine gescheuert, das ist was anderes.«

»Okay, wie du willst. Ich hatte es verdient.«

»Ja. Sicher. Aber ... wie meinst du das denn jetzt?«

»Na, so wie ich's gesagt habe. Ich habe mich unmöglich benommen. Ich möchte mich entschuldigen.«

Täuscht Jule sich oder ist das mehr als eine Bitte um Entschuldigung? Es hört sich ein bisschen so an, als würde er wieder an ihre alte Beziehung anknüpfen wollen. Und tatsächlich legt er nach. »Kannst du mir noch mal verzeihen?«

»Okay, okay, ich verzeihe dir«, erklärt Jule großzügig, um Zeit zu gewinnen. Schnell zählt sie die untere Steinreihe in dem Friesenwall seitlich der Tür ab. Er liebt mich noch, er liebt mich nicht mehr. Ein wenig abergläubisch war Jule schon immer.

Anlage eines Friesenwalls

Ein Friesenwall ist eine etwa 80 Zentimeter hohe Erd-Aufschüttung, die auf beiden Seiten mit Natursteinen abgestützt ist. Für den unteren Bereich empfehlen sich große Exemplare mit etwa 50 Zentimeter Durchmesser, weiter oben reichen kleinere von ca. 20 Zentimeter Durchmesser. Für zwei Quadratmeter Wall benötigt man etwa eine Tonne Material. Der Preis liegt zwischen 80 und 100 Euro ohne Lieferung.

Ein Friesenwall wird ohne Mörtel aufgebaut. Durch die Erde, die hinter die Steine gefüllt wird, ist er stabil genug. Man setzt zuerst die größten Steine in zwei parallelen Reihen nebeneinander. Dann wird der Hohlraum dazwischen mit Erde gefüllt, die gut festgestampft werden muss. Diesen Vorgang wiederholt man, bis die gewünschte Höhe erreicht ist, wobei die Steine nach oben hin immer kleiner werden sollten. Um eine ausreichende Standfestigkeit zu erreichen, muss der Wall eine Neigung von 10–15 Prozent haben. In der obersten Reihe werden Steine mit möglichst gerader Oberfläche verbaut. Auch hier werden alle Lücken mit Erde gefüllt. Anschließend wird der Wall bepflanzt.

Auf Sylt wachsen entweder Strauch- oder Wildrosen auf den Friesenwällen, häufig in Kombination mit kleinen Kiefern, Buchsbaumgewächsen und anderen Immergrünen. Meist regnet es in ausreichender Menge, sodass die Pflanzen auch in ihrer exponierten Lage nicht verdursten.

Der letzte Stein vor der Ecke sagt: Er liebt mich noch.

Und Max am Telefon sagt: »Ich liebe dich nämlich noch immer.«

»Das fällt dir aber spät ein«, giftet Jule, dabei würde sie es so gern glauben.

»Besser spät als nie«, setzt Max nach. »Wie lange bleibst du eigentlich noch auf Sylt? Ich könnte auch hinkommen.«

Gerade noch wollte er nichts mehr von ihr wissen und jetzt will er mit ihr zusammen Urlaub machen? Das geht Jule entschieden zu schnell. Aber ganz verderben will sie es sich mit dem reuigen Max auch nicht, also antwortet sie ausweichend: »Äh, das mit dem Herkommen, also ... nein, das wäre nicht so gut.«

Wie sollte sie das Morten erklären?

»Warum denn nicht? Hast du schon einen anderen?«

»Was denkst du denn! Ich bin nicht so sprunghaft wie du.«

»Okay, dann komme ich. Sagen wir ... übermorgen gegen Mittag?« Jule hört das Klackern einer Computertastatur im Hintergrund. »Da gibt's eine prima Bahnverbindung und sogar noch Plätze, die man reservieren kann. Holst du mich am Bahnhof in Westerland ab? Du bist doch mit dem Auto da? Oder hat die alte Kiste mittlerweile schlappgemacht?«

»Du wirst dich wundern, wenn du mein Auto siehst«, erklärt Jule triumphierend und will gerade hinzufügen: »... aber das wirst du erst, wenn ich zurück in Berlin bin!«, als Max fröhlich durchs Telefon ruft: »Also gut, ich wundere mich gern. Bis übermorgen dann! Um halb zwei bin ich da, nicht vergessen, hörst du. Ich freu mich auf dich!«

Und schon hat er aufgelegt.

Jule starrt ihr Handy an. Was hat sie getan? Obwohl die Nacht schon ziemlich kühl ist, bricht ihr plötzlich der Schweiß aus allen Poren. Ich habe nichts getan, das ist es ja gerade, antwortet sie sich selbst. Max hat sie einfach nicht zu Wort kommen lassen. Und sie war zu feige oder zu müde oder einfach nur zu träge, um ihn zu stoppen. Und jetzt wird er übermorgen hier sein und sie mit seinem beträchtlichen Charme betören, dabei wollte sie doch eigentlich mit Morten ... Ja, was wollte sie mit Morten? Max vergessen? Ein neues Leben beginnen?

Mach dich nicht lächerlich, sagt eine kleine, gemeine Stimme in Jules Hinterkopf. Du kennst Morten doch erst seit heute Morgen und für ihn bist du bestimmt nichts anderes als ein unverbindlicher Flirt. Wäre ja sonst auch zu langweilig, die ganzen Semesterferien auf der Insel und nichts zu tun, außer Taxi zu fahren und bei den Eltern zu schlafen. Und ganz bestimmt hat Morten an der Uni eine feste Freundin, so gut, wie er aussieht.

Mist, denkt Jule und bemüht noch einmal die Magie der Steine. Diesmal zählt sie vom Gartentor in die andere Richtung. Ich pfeife Max zurück, ich pfeife Max nicht zurück.

Der letzte Stein vor der Ecke ruft ihr zu: Du pfeifst ihn nicht zurück!

Und Jule ist viel zu müde, um zu widersprechen. Und vielleicht will sie es auch gar nicht. Um sich abzulenken, beginnt sie, die Ausgaben des Tages zu addieren. Jule kommt für Strandsauna und Abendessen auf akzeptable 60 Euro und tröstet sich mit dem Gedanken, dass ihr immerhin noch 170 Euro bleiben, bis der nächste Tausender angeknabbert werden muss. Alles andere verschiebt sie auf morgen früh. »Morten-Morgen«, wie sie sich beim Einschlafen selbst zuflüstert. Und sollte der Tag mit Morten tatsächlich so schön werden, wie sie es sich erhofft, dann kann sie Max immer noch absagen. Selbst schuld, wenn er schon eine Bahnfahrt gebucht hat. Schließlich hat er auf Jule seinerzeit ja auch wenig Rücksicht genommen.

Entenfleisch und Daunenkissen

Die Vogelkoje

Am nächsten Vormittag holt Morten Jule in ihrem Quartier ab. Er küsst sie zur Begrüßung. Dass Jule den Kuss eher verhalten erwidert und gar nicht weiß, wie sie damit umgehen soll, scheint ihm nicht aufzufallen. Gut gelaunt lenkt er den Wagen in Richtung Süden, vorbei an den Seekühen in der Blidselbucht.

»Weißt du eigentlich, dass diese merkwürdigen Gestelle der Bundeswehr als Ziele bei Schießübungen dienten?«

»Ja, das habe ich gelesen.«

»Diese Straße hier war manchmal sogar komplett für den Verkehr gesperrt. Für den Sylter Norden war das schon merkwürdig. Nicht nur, dass die Soldaten aus den Lister Kasernen das Straßenbild mitbestimmten, sie hatten auch Einfluss auf unsere Alltagsplanungen. Zur Zeit dieser Sperrungen waren wir einfach abgeschnitten vom Inselrest. War ein komisches Gefühl.«

»Klar. Ihr hängt ja so an dieser Straße wie die Insel insgesamt am Hindenburgdamm. Mehr Verbindungen gibt es nicht«, sagt Jule und kann sich nicht gegen die Vorstellung wehren, wie Max morgen Mittag über den Hindenburgdamm kommen und die Verbindung zu ihr wieder aufnehmen wird.

Als wenige Sekunden später die Sicht aufs Wattenmeer durch ein kleines Wäldchen verdeckt wird, das Jule schon gestern früh aufgefallen ist, blinkt Morten links und stellt den Wagen auf dem Parkplatz ab.

»Vogelkoje«, liest Jule laut.

Inmitten des üppigen Grüns, das hier fast wie ein kleiner Urwald wirkt, stehen einladende Korbsessel und Tische vor einem niedrigen Restaurantbau. Ich hab leider schon gefrühstückt, will sie gerade sagen, als Morten zielstrebig an dem Restaurant vorbeigeht und auf ein Holzhäuschen zusteuert. Gegen einen geringen Eintritt lässt sie ein freundlicher älterer Friese passieren.

Schlagartig ändert sich die Umgebung. Jule kommt es vor, als wäre sie von einem Moment auf den nächsten in eine andere Welt versetzt worden. Zu beiden Seiten des Weges wachsen Farne und Schlingpflanzen, Brombeerranken schmiegen sich an drei bis vier Meter hohe Bäume.

»Zitterpappel, Mehlbeere, Faulbaum.« Staunend liest Jule die Namen von kleinen Tafeln ab, die links und rechts des Weges stehen. Zwischen den mattgrünen, silbrig glänzenden oder filzig-grauen Blättern hängen korallenrote Vogelbeeren und schwarze Holunderbeeren. Eine Bachrinne zieht sich durch den feuchten Boden. Die vielen abgestorbenen und gesplitterten knorrigen Stämme und Äste, die zwischen dem wuchernden Grün stehen, zeigen, dass man sich hier bemüht, möglichst wenig in die Entstehungs- und Vergehensprozesse der Natur einzugreifen.

»Ist das auch eines der Sylter Naturschutzgebiete?«, fragt Jule. Sie ist froh darüber, dass das Gespräch sich wieder unverfänglichen Themen zuwenden kann.

»Die Kampener Vogelkoje ist das kleinste Naturschutzgebiet der Insel. Es ist nur viereinhalb Hektar groß, also winzig im Vergleich zu anderen Flächen wie dem Morsum-Kliff oder der Braderuper Heide.«

»Und welches ist das größte?«, will Jule wissen.

»Die Dünenlandschaft zwischen Kampen und dem Ellenbogen nördlich von List. Das Gelände ist knapp 1.800 Hektar groß.«

Die elf Sylter Naturschutzgebiete

Nord-Sylt – das größte Naturschutzgebiet der Insel

Bereits 1923 wurden am Nordzipfel der Insel 1.796 Hektar geschützt, um die Dünen- und Heidelandschaft zwischen Ellenbogen, Listland und dem Kliffende in Kampen zu erhalten.

Morsum-Kliff – zurück in die Steinzeit

Ebenfalls 1923 stellte man die 43 Hektar große Steilküste mit dem angrenzenden Heidegebiet nördlich von Morsum unter Naturschutz. An den Schollen des Morsumer Kliffs lassen sich zehn Millionen Jahre Erdgeschichte anschaulich studieren: Die verschiedenen Gesteinsschichten sind vor 180.000 Jahren durch Gletschereinwirkung neu sortiert worden und liegen nun nicht mehr über-, sondern nebeneinander.

Kampener Vogelkoje – der Sylter Urwald

1935 wurde das nur 4,5 Hektar große Gebiet um die historische Entenfanganlage im Norden Kampens geschützt. Das

Areal bietet zahlreichen Pflanzenarten ein Zuhause und beheimatet viele Vögel.

Lister Koog – ein Paradies für Vögel

1937 kam das Feuchtbiotop längs des Lister Mövenbergdeichs unter Naturschutz, um die Rast- und Brutplätze seltener Vogelarten zu erhalten.

Rantumbecken – Salz- und Süßwasser nah beieinander

1962 würdigte man das eingedeichte, 597 Hektar große Rantumbecken mit seinen Sümpfen, Wiesen und Sandflächen als artenreichstes Schutzgebiet der Insel.

Hörnumer Odde – bei jeder Sturmflut in Gefahr

Die 157 Hektar große Dünenlandschaft an Sylts Südspitze wurde 1972 unter Naturschutz gestellt. Sie weist beeindruckende Dünenschluchten auf, die sich häufig zum Meer hin öffnen, sodass bei Sturmfluten höchste Gefahr besteht.

Rantumer Dünen – Moore und Sand

Nur ein Jahr später, nämlich 1973, stellte man auch das lang gestreckte Dünengebiet zwischen Rantum und Hörnum unter Naturschutz. Auf insgesamt 397 Hektar finden sich zwischen den Dünen ungewöhnlich feuchte Niederungen.

Baakdeel – Sand und Moore

1979 wurde zusätzlich das ganz ähnlich beschaffene Gelände nördlich von Rantum bis hoch zur Westerländer Grenze geschützt. Diese Dünenlandschaft umfasst 242 Hektar.

Rotes Kliff – Steilküste in der Farbe des Sonnenuntergangs

Ebenfalls 1979 schützte man die Dünen- und Heideflächen

zwischen Kampen und Wenningstedt, die sich auf und hinter dem ca. 30 Meter hohen Roten Kliff erstrecken.

Braderuper Heide – Weißes Kliff am Watt
Im gleichen Jahr wurde die 137 Hektar große Heidefläche zwischen Braderup und Kampen zum Naturschutzgebiet erklärt, deren Schluchten zur Wattseite hin zum Teil in Schilfgürtel auslaufen, an anderer Stelle aber an das spektakuläre Weiße Kliff heranführen.

Nielönn – Brackwasserbiotop
Zwischen Kampen und der Kampener Vogelkoje wurde ebenfalls 1979 eine 64 Hektar große Wattfläche geschützt, die zahlreichen Vogelarten Brutstätten bietet und zusätzlich viele seltene Pflanzen beherbergt.

»Und das steht alles unter Naturschutz? Ich hätte also vom Kampener Strand bis hoch zu dieser Sichel am nördlichen Ende von Sylt nur durch Dünen laufen können?«

»Eher am Strand entlang, denn die Dünen darf man außerhalb der Wege nicht betreten. Aber auf jeden Fall wärst du die knapp drei Stunden ganz ohne Schuhe ausgekommen.«

»So lange läuft man?«

»Das hängt vor allem von der Windrichtung ab. Meistens ist man schneller, wenn man von List nach Kampen läuft. Wegen des Nordwindes, den man dann im Rücken hat.«

Jule nickt. Dass der Wind auf Sylt eine bedeutende Rolle spielt, weiß sie längst. Auch wenn er hier in dem geschützten Wäldchen nicht zu spüren ist, hört sie ihn doch deutlich im dichten Blätterdach rauschen. Allerdings ist der Autoverkehr auf der nahen Straße ebenso laut.

»Ohne die Autos wäre es hier paradiesisch«, sagt Jule und seufzt, wird aber sogleich von Morten korrigiert.

»Paradiesisch war es hier früher ganz und gar nicht, nur weil es keine Autos gab. Denn verrückterweise ist gerade der zunehmende Verkehr am Anfang des letzten Jahrhunderts der Auslöser dafür gewesen, dass ein tausendfaches Töten hier ein Ende hatte.«

»Was meinst du denn damit schon wieder?«, murmelt Jule.

Die Kampener Vogelkoje

1767 wurde die Koje nach holländischem Vorbild angelegt. Gleich hinter dem Deich zum Wattenmeer pflanzte man ein dichtes Wäldchen um den quadratischen Süßwasserteich. Er maß 3.600 Quadratmeter und hatte an allen vier Enden 40 Meter lange Fangkanäle, die in Reusen endeten. Da die Wildenten sehr scheu und lärmempfindlich waren, musste im Umfeld der Anlage absolute Ruhe herrschen. Selbst die Kojenwärter flüsterten nur. Mit dem Bau der Landstraße direkt neben der Koje nahmen die Fangergebnisse stark ab, und als im Ersten Weltkrieg Militär auf der Insel stationiert wurde, musste man die Koje 1916 schließen, weil sie nicht mehr rentabel war. Ähnliche Vogelkojen gab es auf Sylt noch in Westerland und in Rantum.

Morten nutzt die Gelegenheit, um einen Arm um sie zu legen. Mit dem anderen zeigt er nach vorn. »Siehst du die Reetdachkaten da? Das waren die Wohnhäuser der Kojenwärter. Und hier hat auch mein Ururgroßvater gelebt und gearbeitet. Er ist sogar auf einem der alten Fotos zu sehen, die dort an der Wand hängen.«

Jule mustert den alten Mann, der auf seinem Schemel vor einer der Katen sitzt und mit ruhigem Blick in die Kamera schaut. »Und was hat dein Ururgroßvater hier gemacht?«

»Lass uns mal in das Haus da drüben gehen, dann kann ich dir genau erklären, was eine Vogelkoje ist. Denn obwohl es hier so idyllisch aussieht, ist die Vogelkoje fast 150 Jahre lang eine Schlachtstätte gewesen.«

Jule und Morten betreten eine weitere niedrige Kate, deren Breitseite sich zu einem schilfumrahmten Teich mit merkwürdiger Form öffnet.

»Warum sind die vier Enden so lang gezogen?«, will Jule wissen.

»An jedem Ende war eine Reuse, in die Wildenten gelockt wurden. Der Kojenwärter hat dann die Reuse geschlossen und konnte die Wildenten ziemlich bequem herausziehen und schlachten. Entenfleisch war eine begehrte Delikatesse und erzielte hohe Preise auf dem Festland. Außerdem begann die Entenwanderung erst im September. Da war die gute Zeit zum Walfang langsam vorbei und bis zum Einsetzen des Frostes konnten sich viele Fischer so noch ein Zubrot verdienen.«

»Aber warum kamen die Enten auf ihrem Flug in den Süden ausgerechnet hierher?«

»Der Teich enthält Süßwasser. Solche Wasserstellen gibt's mitten in der Nordsee natürlich nicht so oft. Die Enten konnten also etwas trinken und sich auch sonst für den weiten Weg stärken.«

»Und warum sind sie in die Reusen gegangen? Sie hätten doch auch in der Mitte des Teichs bleiben können.«

»Das ist die zweite Gemeinheit. Man hat einer Gruppe von Wildenten die Flügel gestutzt, sie dann fast verhungern lassen und anschließend an Gerste als Futter gewöhnt. Das war schwierig, weil keine normale Ente freiwillig Gerste fressen würde.«

»So, als müsste ich mich von Austern ernähren?«

Morten lacht. »Schlimmer. Die Hälfte der Enten ist lieber gestorben, als sich an das ungeliebte Getreide zu gewöhnen. Die andere Hälfte hatte nicht unbedingt das bessere Schicksal. Sie bekamen nur sehr wenig Futter, damit sie bessere Lockvögel wurden: Sie wurden nur gefüttert, wenn gerade ein Schwarm Wildenten hier gelandet war. Dann streute der Kojenwärter die Gerste ans letzte Ende der Reusen. Die gestutzten Enten stürzten sich, ausgehungert wie sie waren, natürlich sofort darauf ...«

»... und die wilden Enten sind ihnen nachgeschwommen ...«

»... und wenn die Reuse voll war, machte der Kojenwärter die Klappe zu.«

»Und danach hat er nur noch die Lockenten von den anderen trennen müssen.«

»Du sagst es. Auf diese Weise sind fast 700.000 Enten hier zu Tode gekommen. Rechnet man das auf die 150 Jahre um, in denen die Vogelkoje in Betrieb war, sind das mehr als 4.500 Tiere pro Jahr.«

»Und jetzt ist es hier so friedlich und schön«, sagt Jule, während sie auf einer hölzernen Treppe den Deich zur Wattseite erklimmt. Von oben bietet sich ihr eine beeindruckende Sicht in die Ferne. Links liegt der Lister Hafen und rechts kann sie bis zum Hindenburgdamm blicken.

Morten zeigt ihr den Kampener Leuchtturm, das Weiße Kliff und die Keitumer Kirche St. Severin.

»Ich würde unheimlich gerne mal länger am Watt entlanglaufen. Oder auch durchs Watt. Darf man das überhaupt?«, will Jule wissen.

»Nur im Rahmen einer Führung und nur bei Ebbe.«

»Aber warum kann man nicht alleine gehen, wenn die Ebbe gerade beginnt? Dann hätte man doch stundenlang Zeit.«

»Mag sein. Aber es gibt im Watt Untiefen und Priele, die nur die Fachleute kennen.«

»Priele?«

»Natürliche Kanäle, die durchs Watt führen und sich bei Einsetzen der Flut sehr schnell füllen. Es kann also sein, dass du eben noch durch ein knöchelhohes Bächlein gewatet bist und dich auf dem Rückweg einem reißenden Strom gegenübersiehst, den selbst ein geübter Schwimmer nicht durchqueren könnte. Jedes Jahr kommen hier an den Küsten Leute zu Tode, weil sie die Strömung unterschätzt haben. Aber ...«, Morten schaut kurz auf seine Uhr, »... in 20 Minuten startet von hier aus eine geführte Wattwanderung. Ich habe uns heute früh angemeldet und noch die letzten beiden Plätze ergattert.«

Jule ist begeistert. Sie fühlt sich ein bisschen so, als könnte Morten ihre Gedanken lesen. Und die Vorstellung, den ganzen Tag mit ihm zu verbringen, ist toll. Gleichzeitig denkt Jule aber auch mit Bangen daran, dass die Ankunft von Max immer näher rückt. Sie lächelt zaghaft und sagt leise: »Ich hab's gar nicht verdient, dass du dir meinetwegen so viel Mühe gibst.«

»Das lass mal meine Sorge sein«, gibt Morten gut gelaunt zurück.

Würmer und Silbermöwen

Im Watt

Wenig später treffen die ersten Teilnehmer der Wattwanderung ein. Die meisten tragen Gummistiefel, aber einige vertrauen auch darauf, dass sie bei dem schönen Wetter barfuß durch den Schlick laufen können. Der Wattführer, ein bärtiger älterer Friese, der sich als Knut vorstellt, erklärt, dass es gerade hier im nördlichen Teil von Sylt besonders viel Schlickwatt gebe, was das Gehen anstrengender mache als zum Bespiel in Rantum oder Hörnum, wo es flacher ist.

Jule stört das nicht, im Gegenteil, sie genießt das Gefühl des glitschigen Sandes zwischen den Zehen und freut sich wie ein Kind, wenn der Schlick bei jedem Schritt laut schmatzend ihren Fuß freigibt. Endlich einmal etwas, das sie von den ständigen Gedanken an Max ablenkt!

Doch plötzlich, sie sind noch gar nicht weit vom Deich entfernt und haben gerade den ersten flachen Priel erreicht, kribbelt es an Jules Füßen. Als sie erschrocken aufschreit und sich hilfesuchend an Mortens Arm festklammert, schauen alle sie an. Nur der Wattführer blickt zu Boden und sagt anschließend schmunzelnd: »Nicht die

Deern hier muss sich erschrecken, das haben gerade andere getan. Seht ihr die winzigen Fühler und die dunklen Augenpaare da unten im Sand? Die gehören einem Rudel Nordseegarnelen, die sich gerade im Sand vergraben, weil unsere Schritte eine Gefahr für sie ankündigen.«

»Sind das die, die es bei Gosch am Spieß gibt?«, will Jule wissen.

»Ganz genau. Nur sind diese hier noch jung und nicht länger als einen Zentimeter. Zur Tarnung sind sie sandfarben oder ganz durchsichtig, denn nicht nur von uns, sondern auch von Vögeln, Fischen und jungen Seehunden werden sie gern verspeist. Wenn sie erst mal erwachsen sind, haben sie sogar noch mehr Farben zur Auswahl, um sich den verschiedensten Untergründen anzupassen. Allerdings hilft das alles nichts gegen die Schleppnetze, in denen sie gefangen werden.«

»Und diese komischen blubbernden Häufchen, die wir eben überall gesehen haben, was verbirgt sich dahinter?«, will Jule wissen.

»Das sind die Ausscheidungen von Wattwürmern. Jeder einzelne von ihnen verdaut pro Jahr 25 Kilo Sand und Schlick. Meist sieht man aber nur die geringelten Schiethaufen, denn die Würmer bleiben lieber unter der Erde – sonst hacken ihnen die Seevögel im Nullkommanichts die Schwanzenden ab.«

»Und dann war's das für sie?«

»Nicht unbedingt. Ein paar Mal kann jeder Wurm seine Schwanzspitze erneuern. Wie Regenwürmer auch.«

Der Wattführer verstummt plötzlich und legt den Finger an die Lippen. Nach einer kurzen Pause fragt er: »Könnt ihr das Knistern hören?«

Jule zeigt auf ein Feld von flachen Haufen im Sand. »Da gärt irgendwas. Kann das sein?«

Vorsichtig streicht Knut die obere Sandschicht von den Haufen, und staunend sehen die Wattwanderer eine ganze Kolonie von großen und kleinen Muschel, deren gebogene Rücken in alle Himmelsrichtungen zeigen.

»Auch die Herzmuscheln müssen sich vor den Vögeln schützen«, erklärt Knut. »Sie haben eine wichtige Aufgabe, denn sie filtern das Wasser des Wattenmeeres. Theoretisch können sie sechs bis acht Jahre alt werden. Allerdings gelingt das nicht vielen. Das saftige Muschelfleisch wird von vielen geliebt. Fische, Krebse, Silbermöwen, aber auch Eiderenten sind ganz wild darauf. Allein ein einziger Austernfischer kann pro Tag zwischen 200 und 300 Muscheln fressen. Wenn es gerade mal nicht genug von denen gibt, dann nehmen die Vögel auch mit diesen kleinen Schnecken vorlieb.«

Nationalpark Schleswig-Holsteinisches Wattenmeer

Mit einer Fläche von 441.000 Hektar ist der Nationalpark Wattenmeer der größte Europas. Seit 2009 gehört er zum UNESCO-Weltnaturerbe. Im Wattenmeer existieren 3.200 verschiedene Tier- und Pflanzenarten nebeneinander und machen es zu einem komplizierten Ökosystem. Besondere Beachtung verdienen folgende drei Tiergruppen:

- ***Small Five:*** Wattwurm, Herzmuschel, Strandkrabbe, Wattschnecke und Nordseegarnele.
- ***Big Five:*** Seehund, Europäischer Stör, Schweinswal, Seeadler und Kegelrobbe.
- ***Flying Five:*** Austernfischer, Alpenstrandläufer, Brandgans, Ringelgans und Silbermöwe.

Knut bückt sich und fördert gleich eine ganze Handvoll der winzigen Wattschnecken zutage. »Davon gibt's bis zu 100.000 pro Kubikmeter – das muss man sich mal vorstellen.«

»Manchmal ist am Weststrand der ganze Spülsaum von ihnen bedeckt«, wirft Morten ein.

»Stimmt. Jetzt, wo du es sagst, sehe ich diese Krümelschicht genau vor mir.« Jule legt sich eine Schnecke auf die flache Hand, um sie näher anzusehen. »Die sind so klein, kein Wunder, dass es sich dann anfühlt, als ob man über groben Sand läuft. Und was ist deren Aufgabe?«, erkundigt sie sich bei dem Wattführer.

»Sie ernähren sich von Bakterien und Algen, die sie mit ihrer winzigen rauen Zunge von Seegrasblättern schaben. Sie leisten also ebenfalls ihren Beitrag zum Gleichgewicht im Wattenmeer. Übrigens auch dadurch, dass sie ihrerseits Fischen, Vögeln, Krebsen und Krabben als Nahrung dienen.«

»Ganz schön ausgetüftelt, dieser Kreislauf«, überlegt Jule und wendet sich dann an Morten. »Übrigens, bei ›Nahrung‹ fällt mir ein: So eine Wattwanderung macht echt hungrig ...«

»Wenn du willst, können wir nachher was essen gehen«, schlägt er vor. »Vielleicht im Weißen Kliff in Braderup. Da gehen die echten Sylter nämlich gern hin. Der Fisch ist gut und die Atmosphäre nicht so touristisch.«

Erwartungsvoll sieht er sie an.

Jule weiß genau, sie sollte ablehnen. Aber mit welcher Begründung? Es fällt ihr einfach keine ein – und vor allem möchte sie sich gar nicht von Morten trennen! Also nickt sie und antwortet: »Sehr gern, wirklich. Und danach zeigst du mir die Heide, okay?«

Fünf etwas andere Restaurants

Landgasthof Weißes Kliff – Sylter Küche und fangfrische Fische
Buchholzstich 7, Braderup
Tel. 04651 / 430 08, www.weisses-kliff.de

Gourmet Eck – Sehen und Gesehen-Werden zu moderaten Preisen
Braderuper Weg 2, Kampen
Tel. 04651 / 44 61 60, www.gourmet-eck-sylt.de

Schneckenhaus – Gemütlichkeit in drei alten Friesenstuben
Norderstraße 6, Westerland
Tel. 04651 / 232 75, www.schneckenhaus-sylt.de

Restaurant Hardy auf Sylt – Gutbürgerliche Küche in der Weinstube
Norderstraße 65, Westerland
Tel. 04651 / 227 75, www.hardyaufsylt.de

Samoa Seepferdchen – Schlemmen mit Blick auf beide Meere
Hörnumer Straße 70, Rantum
Tel. 04651 / 55 79, www.samoa-seepferdchen.de

Kartoffelrose und Heidekraut

Die Braderuper Heide

Nach einem köstlichen Mahl lockt die strahlende Sonne Jule und Morten nach draußen. Vorher müssen sie noch bezahlen, und diesmal besteht Morten darauf, Jule einzuladen. Amüsiert stellt Jule fest, dass sie heute fürs Frühstück und den Eintritt nur neun Euro bezahlt hat, was für Sylt-Touristen wahrscheinlich schon weit jenseits der Peinlichkeitsgrenze liegt. Jule beschließt, nachher noch zu tanken, um ihren Tagesschnitt anzuheben.

Doch erst einmal lassen Morten und Jule das Auto stehen, denn der Landgasthof liegt fast direkt an der Heide. Es sind nur 200 Meter über eine idyllische Straße bis zum Watt.

»Hier in Braderup stehen sogar noch ein paar richtig alte Reetdachhäuser aus der Zeit, als der Ort hauptsächlich von Walfängern bewohnt wurde«, erklärt Morten.

»Die neuen sind aber auch sehr schön. Ein bisschen sieht's hier aus wie im Friesenparadies, findest du nicht?« Jules Blick gleitet über die Wildrosenhecken an den

Grundstücksgrenzen, die wogenden Blätter im Wind, die Hortensien in blau und rosa, dazwischen Krüppelkiefern und Buchs. »Und dann der niedrige Horizont hinter den Reetdächern, das Sonnenlicht auf den Wiesen und Weiden. Alles wie gemalt!«

Am Ende der Straße geht es auf Holzbohlen hinein in die Heide. Jule wagt sich so nah wie möglich an die Kante heran.

»Und hier unter mir ist jetzt das Weiße Kliff?«, will sie wissen.

»Genau. Unten von der Wattkante aus siehst du die hellen Stellen natürlich besser. Besonders schön leuchtet es am frühen Morgen, wenn die aufgehende Sonne vom Festland her alles in einen rosa Schimmer taucht.«

»Das ist schon toll hier bei euch auf der Insel. Morgens rosige Klippen im Osten und abends beim Sonnenuntergang die ganz große Show drüben im Westen am Roten Kliff.«

»Tja, wir tun einiges, um unsere Besucher zu erfreuen«, antwortet Morten und legt einen Arm um Jules Schulter. Das hat ihr gerade noch gefehlt. Sie windet sich geschickt aus der Umarmung und beginnt, einen der Heidewege entlangzulaufen.

»Das ist, als würde der Wind mich tragen«, ruft sie Morten begeistert über die Schulter hinweg zu. »Und wie es hier riecht! Zum Reinlegen!«

»Lieber nicht«, lacht Morten. »Steht ja alles unter Naturschutz, du darfst also nicht vom rechten Weg abweichen.«

»Das hatte ich auch gar nicht vor«, gibt Jule zurück, während sie überlegt, ob es Morten eigentlich bewusst ist, dass ihre Unterhaltung durchaus doppeldeutig zu verstehen sein könnte.

Heidelandschaft auf Sylt

Die Hälfte der gesamten Heidelandschaft Schleswig-Holsteins befindet sich auf Sylt.

Hier findet man vor allem folgende drei Heidearten: Die Krähenbeere, deren rote Blüten, aus denen sich später dunkle Früchte bilden, die Saison von April bis Juni eröffnen. Im Juli überziehen dann die rispenförmigen Blütenstände der Glockenheide mit ihrem leuchtenden Rosa die Landschaft. Für die typisch violette Herbstfärbung sorgt ab Ende August schließlich die Besenheide.

Die Besonderheit des Ökosystems Heidelandschaft besteht in dem Zusammenspiel von drei Wetterkomponenten, die nicht immer förderlich für den Rest der Vegetation sind. Die Kombination von Wärme, Wind und Trockenheit ist sehr speziell, aber immerhin schafft dieses Klima ein ganz eigenes Miteinander von 2.500 Tier- und 150 Pflanzenarten.

Allerdings schützt der Mensch die Heide durch sorgfältige Pflege vor Überalterung und Verholzung und sorgt so dafür, dass der flächendeckende Niedrigbewuchs in seiner typischen Form erhalten bleibt. Ein besonderes Problem für die Naturschützer bildet das aggressive Wurzelwerk der schön anzusehenden Kartoffelrose, die ursprünglich in Ostsibirien heimisch war und erst seit den 1920er-Jahren auf Sylt wächst. Ihre Hagebutten sind eine beliebte Vogelnahrung und jede Ausscheidung von Samen begünstigt die Verbreitung der Pflanze, zumal ihr einziger natürlicher Feind, der extreme Bodenfrost Sibiriens, im ozeanischen Klima Sylts nicht vorkommt.

Doch im Augenblick will sie weder an morgen noch an Max denken – und an die kommenden Probleme schon gar nicht. Zu bezaubernd ist der Anblick der weiten Fläche mit dem blaugrauen, krautigen Heidebewuchs und den einzelnen Wildrosenbüschen dazwischen.

Vor dem dunkelblauen Wasser am Watt stehen in lockerer Folge einzelne Bäume, deren Silhouetten durch den ständigen Wind ganz schief sind. Darüber schimmert der helle Himmel, getupft mit einzelnen Wolken, weiß und grau, vom Wind zerrissen. Es ist nichts zu hören außer dem Tschilpen und Zwitschern der Vögel und Watthühner. Über Jule schweben elegant segelnde Möwen und einige Schwalben im Anflug auf ihr Gehege. Unten am Schilf stehen friedlich grasend kurzbeinige Kühe, die mit ihrem lockigen Fell und den stämmigen Körpern eigentlich wie Büffel aussehen.

»Das sind Galloway-Rinder«, weiß Morten. »Es gibt einige Zuchten hier auf der Insel. Eine ist gleich da drüben.« Er deutet zum Kampener Leuchtturm, vor dem eine kleine Gruppe von Häusern inmitten von Feldern und Wiesen direkt an der Grenze zum Golfplatz liegt. »Eine andere Zucht ist in Keitum, die schlachten sogar noch selbst.«

»Und was unterscheidet die Galloways von normalen Kühen?«

»Sie stehen sommers wie winters auf der Weide. Wenn du den Mediziner fragst, deutet das darauf hin, dass sie einen ziemlich sparsamen Stoffwechsel haben. Außerdem ist ihr Fell besonders dick, das kannst du ja sehen. Dadurch sind diese Rinder besonders widerstandsfähig. Das Klima spielt natürlich auch eine Rolle. Die Tiere kommen ursprünglich aus Schottland, und dort sind die Winter ähnlich mild wie hier auf der Insel. Und dadurch, dass sie immer draußen sind, wird ihr Fleisch fester und würziger.«

»Und süß sehen sie auch noch aus, wie Kuscheltiere, findest du nicht?«

Als Jule lächelnd den Blick zu Morten hebt, sieht sie sofort, dass sie einen Fehler gemacht hat. Diese Steilvorlage lässt er sich nicht entgehen. Noch einmal legt er den Arm um sie und sagt: »Apropos Kuscheltier ...«

Jule holt tief Luft und lässt einen bedauernden letzten Blick über die blau blühende Heidefläche wandern. Gleich wird sie die idyllische Stimmung zerstören müssen. Aber es geht nicht anders.

»Morten, ich muss dir was sagen.«

Ihr Tonfall ist nicht ernst genug, Morten nimmt es auf die leichte Schulter und antwortet: »Das hoffe ich doch.«

»Nein, das hoffst du nicht.« Jule löst sich aus seiner Umarmung. »Gestern Nacht, kurz nachdem du weg warst, hat mich Max angerufen.«

»Max? Ist das der Typ, der dich betrogen hat?«

»Genau. Er hat sich entschuldigt und ... Morten, es tut mir leid, aber er kommt morgen her.«

»Nach Sylt? Zu dir?«

Jule nickt. Endlich ist es heraus.

»Du hast ihn eingeladen?«

Eigentlich will sie antworten: Nicht ganz, eher hat er sich selbst eingeladen. Ich war nur zu schwach oder zu blöd oder zu müde, um ihn daran zu hindern. Und bisher war ich auch zu feige, ihn wieder auszuladen. Aber wie würde sich das denn anhören? Lieber nimmt Jule die Verachtung Mortens in Kauf, als dass sie sich derart lächerlich machen würde. Also sagt sie nichts und nickt noch einmal.

Eine ganze Weile lang bleibt Morten stumm. Er kaut auf seiner Lippe und mustert Jule mit einem Blick, in dem sich spiegelt, dass er langsam begreift, was das bedeutet.

»Morten, das heißt ja nicht ...«, beginnt Jule zögerlich und weiß selbst nicht, was das denn um alles in der Welt nicht heißen soll, wenn ein Mädchen sich zu dem einen Mann noch einen zweiten einlädt. Jule muss es auch nicht mehr wissen, denn Morten scheint zu einem Entschluss gekommen zu sein.

Er tritt zwei Schritte zurück, bedenkt Jule mit einem traurigen Lächeln und hebt die Hand zum Abschied. »Dann wünsche ich dir viel Erfolg bei deinem Revival. Sei mir nicht böse, aber ich glaube, ich sollte jetzt lieber gehen.«

»Aber ich dachte, wir machen hier noch einen Spaziergang«, entgegnet Jule kleinlaut.

»Ich muss noch arbeiten, würde dich aber vorher natürlich zurück nach List fahren. Allerdings, falls du hierbleiben möchtest: Wenn du immer schön am Watt entlang nach Norden läufst, kommst du zur Kupferkanne, das ist ein Kaffeegarten mitten in der Heide, sehr sehenswert und der Kuchen dort ist wirklich gut.«

»Das klingt aber toll! Morton, bitte, komm doch mit ...«, beginnt Jule, doch ohne Erfolg. Morten redet einfach weiter, als hätte sie nichts gesagt.

»Und falls du für heute genug von Taxifahrern haben solltest, musst du nur nach links rüber in Richtung Leuchtturm laufen und dann weiter durch die Felder. Du kannst die große Verbindungsstraße gar nicht verfehlen. Dort fährt alle 20 Minuten ein Bus nach List.«

»Okay, dann mache ich das.« Jule kann gar nicht verstehen, wie sich das Gespräch so schnell so grässlich entwickeln konnte. Doch bevor ihr die richtigen Worte einfallen, nickt Morten knapp, wirft einem letzten Blick auf Jule und dreht sich dann um. Mit schnellen Schritten geht er zurück zum Parkplatz. Dass sie in einem plötzlichen Impuls beide Arme nach ihm ausstreckt, sieht er schon nicht mehr.

Die Kupferkanne

Auf dem Areal der heutigen Kampener Kupferkanne wurden in der Bronzezeit fünf Häuptlinge in gewaltigen Hünengräbern bestattet. Als um das Jahr 700 herum die Friesen einwanderten, nannten sie die Kultstätten *Stapelhooger*. Dass außer der Asche oder den unverbrannten Leichen in Holz- oder Steinsärgen auch kostbare Kleinode in die Gräber versenkt worden waren, sprach sich im 19. Jahrhundert herum und führte zu Plünderungen. Weitere Beschädigungen erfolgten im Zweiten Weltkrieg, als man hier wegen der grandiosen Fernsicht Gefechts- und Beobachtungsstände errichtete. Nur zwei Hügel überstanden den Krieg und wurden 1952 von der Gemeinde Kampen restauriert. Einer von ihnen befindet sich heute rechts vom Eingang der Kupferkanne.

Diese ist in einem 1943 entstandenen, halb in die Erde eingelassenen Flakbunker beheimatet, in dem nach Ende des Zweiten Weltkriegs zahlreiche Flüchtlinge Unterkunft fanden. Zwei von ihnen waren der Schriftsteller Ernst von Salomon und der Bildhauer Günter Rieck. Zunächst waren es Freunde, die die beiden besuchten, vor allem Künstler und Schauspieler. Doch bald wurde aus dem Künstleratelier ein Künstlerlokal: die Kupferkanne, der 1949 eine Ausschankkonzession erteilt wurde.

Während vom Garten aus der Blick weit über Heide und Watt wandern konnte, herrschte im Inneren des alten Bunkers eine behagliche Atmosphäre. Die niedrigen Decken, verwinkelten Gänge und schmalen Stufen waren oft nur von Kerzenlicht erhellt. In den folgenden Jahren bepflanzte der Bildhauer das Gelände der Kupferkanne mit annähernd 30.000 Kiefern und schuf damit einen Zauberwald am Watt. Erst der Sturm Anatol im Dezember 1999 machte diese Arbeit in einer Nacht bis auf wenige Reste zunichte. Die mächtigsten der entwurzelten Bäume kann man noch heute auf dem Gelände besichtigen.

Doch dem Ruf der Kupferkanne konnte der Sturm nichts anhaben, immer noch ist das Café ein beliebter Treffpunkt. In dem labyrinthischen Garten mit Blick über das Wattenmeer kann man auch jetzt noch die Faszination spüren, der sich schon vor Tausenden von Jahren die Erbauer der Hünengräber nicht haben entziehen können.

Stapelhooger Wai, Kampen
Tel. 04651 / 410 10
www.kupferkanne-sylt.de

Seefahrer und Heilige

Die Kirche St. Niels

Als Morten hinter dem nächsten Hügel verschwunden ist, lässt sich Jule auf eine Holzbank fallen, die nicht weit entfernt steht und gerade frei geworden ist. Ihr Blick wandert über Heide, Weiden und Watt, aber alles, was vorher wie von innen heraus geglänzt hat, wirkt plötzlich stumpf und abweisend. Selbst die Galloways sehen jetzt finster aus. Dass sich ihr Blick auf diese schöne Landschaft so verändern kann, überrascht Jule. Selber Schuld, denkt sie, und wartet noch eine Weile in der Hoffnung, dass Morten vielleicht zurückkommt. Doch vergebens.

Schließlich läuft Jule auf einem Querpfad durch die Heide genau auf den schwarz-weißen Kampener Leuchtturm zu, vorbei an dem Bauernhof mit der Galloway-Zucht, und dann weiter bis zur Umgehungsstraße. Die Bushaltestelle ist ganz in der Nähe, direkt vor einem großen Flachbau, in dem eine Antiquitätenmesse stattfindet, wie Plakate und große, im Wind flatternde Fahnen verkünden. Aber Jule ist auf nichts mehr neugierig, schon gar nicht auf Antiquitäten. Sie will nur schnellstmöglich zurück nach List, ihren Wagen vom Hafen holen und bei der alten Dame ausziehen. Bis Max morgen Mittag ankommt, muss sie sich ein neues Quartier weit weg von Mortens Heimatort gesucht haben. Nicht auszudenken, wenn die beiden Männer sich begegnen sollten.

Nahverkehr auf Sylt

Sylt ist nicht groß, es reichen fünf ganze und zwei halbe Buslinien aus, um die gesamte Insel zu erschließen.

Zwei zentrale Buslinien verbinden sehr regelmäßig und zuverlässig die Inselorte auf der Nord-Süd-Achse:

- **Linie 1:** zwischen Westerland/Bahnhof und List/Hafen
- **Linie 2:** zwischen Westerland/Bahnhof und Hörnum/Hafen

Zusätzlich verkehren Inselbusse zwischen den anderen Inselorten:

- **Linien 3/3a:** zwischen Westerland und Keitum
- **Linie 4:** zwischen Westerland und Morsum
- **Linien 5/5a:** zwischen Westerland und List sowie Westerland und Hörnum (in der Hauptsaison)

Innerhalb von Westerland und auch List verkehren außerdem Stadtbusse.

Zwei Stunden später hat Jule alles Gepäck in ihrem Auto verstaut und befindet sich auf dem Weg nach Westerland.

In Wenningstedt biegt sie rechts ab und fährt auf der alten Inselstraße weiter. An der ersten Tankstelle der Inselhauptstadt lässt Jule 72 Euro. Dann zählt sie ihre Barschaft. Es sind immer noch 6.089 Euro, dabei ist sie schon seit vier Tagen auf Sylt. Wäre das Geld jetzt alle, müsste sie nach Hause fahren. Vielleicht wäre das auch sonst nicht die schlechteste Lösung, überlegt Jule und startet den Wagen. Immerhin hat sie schon einiges erlebt. Die Wanderdüne, die Vogelkoje, das beeindruckende Wattpanorama und auch das feudale Kampen haben Jule besonders beeindruckt. Vielleicht sollte sie es einfach dabei bewenden lassen. Sie müsste nur Max anrufen und ihm sagen, dass sie es sich anders überlegt hat und nach Berlin zurückkommt.

Aber wie sähe das aus? Wie eine Flucht. Oder, noch schlimmer: Als hätte sie sich die ganze Sylt-Eskapade nur ausgedacht, um Eindruck auf Max zu machen. Jule hält an einer roten Ampel. Vor ihr sind die klobigen Hochhäuser zu sehen, die sie schon von der Herfahrt kennt. Doch warum etwas so Hässliches auf dieser schönen Insel gebaut werden durfte, weiß Jule immer noch nicht. Nein, beschließt sie, für einen Abbruch der Reise ist es definitiv zu früh.

Jule steuert den nächsten Parkplatz an. Dort kramt sie erst einmal Michi aus ihrer Reisetasche hervor. Der ist zunächst beleidigt, weil sie sich zwischenzeitig einen anderen Führer gesucht hat, gibt dann aber doch widerwillig Auskunft. Er weiß zu berichten, dass die drei wuchtigen Apartmentblöcke mit insgesamt 500 Ferienwohnungen in den 1960er-Jahren für 45 Millionen DM gebaut worden sind und unter dem Namen Kurzentrum firmieren. Damals boomte der Inseltourismus und man zerstörte viel von der alten Bäderarchitektur. Angestachelt durch die Medienberichte über die Schönen und Reichen in Kampen war Sylt zum Sehnsuchtsziel avanciert. Klar, dass die vielen Touristen irgendwo wohnen mussten. Nur in den putzigen Reetdachhäusern wäre das wohl kaum zu machen gewesen.

Als Jule in die Nähe des Bahnhofs kommt, weiß sie auch, wo die Bewohner der 500 Ferienwohnungen sich nachmittags rumtreiben. Nämlich in der Westerländer Fußgängerzone. Hier ist es voll wie am Berliner Hauptbahnhof zu Stoßzeiten. Jule ist nicht sicher, ob sie dieser Menschenmenge, die sich vorbei an Fischgeschäften, Modeboutiquen, Straßencafés und Souvenirläden bis hinunter zur Strandpromenade schiebt, jetzt gewachsen wäre, und erkundigt sich bei Michi, ob es nicht auch ruhigere Ortsteile gibt. Etwas Ursprüngliches, Altes vielleicht?

Fahr zur Dorfkirche St. Niels, ordnet Michi an.

St. Niels? Wer ist das denn?

Nikolaus von Myra ist der Heilige der Seefahrer, belehrt Michi sie. Schon die Vorgängerkirche in der versunkenen Ortschaft Eidum war ihm gewidmet und natürlich wurde er auch der Schirmherr der Westerländer Dorfkirche. Und selbst die neue und größere Kirche, die 1908 wegen der steigenden Gästezahlen gebaut wurde, ist nach ihm benannt worden.

Dann gibt es also zwei Kirchen mit dem Namen St. Niels in Westerland?, will Jule wissen.

Nicht ganz, antwortet Michi. Die neue Kirche haben die Friesen St. Nicolai genannt, gemeint ist aber derselbe Heilige.

Die Geschichte Westerlands

Westerland ist nach Hörnum der jüngste Ort der Insel. Gegründet in der ersten Hälfte des 15. Jahrhunderts war Westerland noch im 18. Jahrhundert eine bitterarme Gemeinde mit gerade mal 124 Häusern. Als der Ort 1855 zum Seebad wurde, zählte er etwa 500 Einwohner und beherbergte im ersten Sommer knapp 100 Gäste. Dass hier Männer und Frauen gemeinsam baden durften, war einzigartig in Deutschland und trug erheblich zum Aufschwung des Seebades bei. Auch seine zentrale Lage am Schnittpunkt der Sylter Verkehrsachsen zahlte sich aus.

1905 erhielt Westerland das Stadtrecht. Als 1927 der Hindenburgdamm eröffnet wurde, zog Westerland schnell ein mondäneres Publikum an, darunter viele Künstler und Wirtschaftsbosse. Doch als die Nationalsozialisten die ganze Insel Sylt 1934 zur judenfreien Zone erklärten, blieb ein Großteil der früheren Badegäste aus. Mit dem Beginn des Zweiten Weltkriegs wurde die Insel komplett zum Sperrgebiet erklärt, weil man befürchtete, dass die Alliierten in einem bevorstehenden Krieg Sylt bevorzugt angreifen würden. In den folgenden Jahren gab es gar keinen normalen Tourismus mehr, dafür entwickelten viele NS-Funktionäre eine Vorliebe für die Insel.

Erst 1949, vier Jahre nach Ende des Zweiten Weltkriegs, kehrten die ersten Badegäste zurück. Im gleichen Jahr wurde Westerland als Seeheilbad anerkannt. Die Einwohnerzahl Westerlands beläuft sich heute (ohne Zweitwohnungsbesitzer) auf etwa 9.300.

Zehn Minuten später hat Jule die Tücken der Westerländer Straßenführung durchschaut, den Bahnhof umrundet und ist direkt an der schönen alten Polizeistation in den

Kirchenweg eingebogen. Schon nach wenigen Metern ändert sich die Atmosphäre. Kleine Häuser säumen die Straße, durch die nur Anlieger zu fahren scheinen. Nach wenigen Hundert Metern liegt in einer Kehre die alte Dorfkirche vor Jule. Ein weiß lackiertes Friesentor steht einladend offen und hebt sich malerisch von der roten Backsteinfassade ab.

Beim Näherkommen entdeckt Jule, dass der Griff an der Kirchentür die Form eines Fisches hat. Als Jule ihn gerade herunterdrücken will, wird die Tür von innen geöffnet. Schnell tritt sie zur Seite und beobachtet, wie eine Beerdigungsgesellschaft das Gebäude verlässt. Alle Männer sind in Handwerkertracht gekleidet. Sie tragen schwarze Cordjacken mit großen Knöpfen und helle Hosen mit schwarzen Paspeln. Auf ihren Köpfen sitzen Zylinder oder eigentümlich geformte schwarze Hüte. Hinter dem Sarg wird die Zunftfahne getragen. Wie Abgesandte des 19. Jahrhunderts kommen die Männer Jule vor, als sie schweigend über den Friedhof schreiten.

Als sie sicher ist, dass sie niemanden mehr stört, schlüpft Jule ins Innere der Kirche und sieht sich neugierig um. Als Erstes fallen ihr die hohen Predigertafeln ins Auge, die lückenlos alle Geistlichen verzeichnen, die seit der Reformation hier als Pastoren gewirkt haben.

»Toll, so eine Chronologie«, murmelt Jule beeindruckt.

»Ja, man fühlt sich irgendwie geborgen und aufgehoben«, antwortet eine Stimme.

Überrascht dreht Jule sich um.

Die Frau in Jeans und Pullover steht direkt hinter ihr. Sie ist etwa 50 Jahre alt und hat rund um die Augen sympathische Lachfältchen.

»Hallo, ich habe Sie gar nicht kommen gehört. Kennen Sie sich hier aus?«, fragt Jule.

»Was wollen Sie denn wissen?«

Jule deutet nach vorn auf einen beeindruckenden Flügelaltar mit vergoldeten Figuren. »Was stellen die eigentlich dar?«

»Die Krönung Marias. Schön, nicht?«

»Schon, aber für eine evangelische Kirche ist das ein ziemlich ungewöhnliches Motiv.«

»Der Altar ist sehr alt, wahrscheinlich aus spätgotischer Zeit. Damals gab es die Trennung in Protestanten und Katholiken noch nicht.«

»Aber diese Kirche hier kommt mir so alt nun auch wieder nicht vor.« Jule sieht sich mit skeptischem Blick im Innenraum um.

»Ist sie auch nicht. Der Altar stammt aber vermutlich noch aus der versunkenen Eidumer Kirche, ebenso wie die Glocke, die Sie jetzt natürlich nicht sehen können.«

»Eidum? Nie gehört.«

»Kein Wunder, die alte Siedlung Eidum ist schon vor langer Zeit, genauer gesagt am 1. November 1436, untergegangen.«

»Hört sich ja dramatisch an.«

»War es auch. Eine schwere Sturmflut, man nennt sie die Allerheiligenflut, hat damals das gesamte Dorf überschwemmt. Sie wissen wahrscheinlich, dass sich die Sylter Küstenlinien in den letzten Jahrhunderten immer mehr Richtung Osten bewegt haben. Und das alte Eidum lag mehrere Hundert Meter westlich der heutigen Küstenlinie.«

»Das heißt, die Reste des Ortes befinden sich jetzt auf dem Meeresboden?«

»Ganz genau.«

»Und dieser alte Ort ist einfach so verschwunden? Mit allem Drum und Dran?«, fragt Jule nach.

»Fast. Jedes Sylter Schulkind lernt, dass die Westerländer sogar zweimal einen Blick darauf werfen konnten.«

»Auf die Ruinen am Meeresboden? Bei Ebbe?«

»Bei extremem Niedrigwasser. Und wie gesagt, nur zweimal in den letzten Jahrhunderten. In den Jahren 1806 und 1850 gab das Meer für wenige Stunden die Steinreste der alten Kirche sowie Herdstellen, Brunnenringe und Pflasterungen der Eidumer Siedlung frei.«

»Krass. Dann haben die Sylter also so eine Art Atlantis unter den Wellen der Nordsee.« Jule denkt an ihren Besuch in Pompeji und stellt sich das versunkene Eidum ganz ähnlich vor, nur dass alle Reste natürlich längst mit Muscheln und Algen bewachsen sind und die Fische zwischen den alten Mauern herumschwimmen. »Und die Menschen damals? Sind die alle ertrunken?«, fragt sie plötzlich erschrocken.

»Viele. Aber die Überlebenden haben östlich des zerstörten Dorfes, im Westen von Tinnum, eine neue Siedlung gegründet: Wester-Land.«

»Ach, so ist der Name entstanden. Aber warum hat ausgerechnet der goldene Altar die Flut überlebt?«

»Die alte Eidumer Kirche St. Nicolai stand so hoch in den Dünen, dass die Flut ihr zunächst nichts anhaben konnte, später ist sie dann eingestürzt. Davor wurde sie von den Westerländern weiter genutzt, bis 1635 am Ostrand ihres neuen Dorfes die Kirche entstanden ist, in der wir jetzt stehen.«

»Das ist ja total spannend«, sagt Jule. »Aber woher wissen Sie das eigentlich alles?«

Die Frau lacht. »Mein Vater war hier Pfarrer. Er steht auch auf der Tafel da hinten. Ich habe gerade Blumen auf sein Grab gelegt. Ich bin in dem Pfarrhaus auf der anderen Straßenseite aufgewachsen.«

»Dann haben Sie die Insel noch vor dem großen Touristenansturm erlebt? Ich habe nämlich vorhin kurz in die Fußgängerzone gesehen, da ist ja der Teufel los. – Oh, Verzeihung, so etwas sollte man in einer Kirche wahrscheinlich nicht sagen.«

»Kirchenleute sind liberaler als Sie denken.« Die Frau streckt Jule ihre Hand entgegen. »Ich bin übrigens Miriam. Und Sie?«

»Jule.« Jule drückt die Hand, vielleicht ein wenig länger als es höflich gewesen wäre. Diese Miriam ist ihr sofort sympathisch, und plötzlich fürchtet sie sich davor, den Rest des Tages allein zu verbringen.

Als habe sie Jules Gedanken erraten, fragt die andere: »Haben Sie noch einem Moment Zeit? Ich muss nachher zurück aufs Festland, bin vor etlichen Jahren mit der Familie nach Niebüll gezogen. Aber mein Zug geht erst in einer guten Stunde. Wenn Sie mögen, können wir noch einen Tee miteinander trinken, dann kann ich Ihnen ein bisschen was von früher erzählen.«

Jule nickt und fragt sich gleichzeitig, ob alle Wünsche, die in einer Kirche entstehen, sich wohl so prompt erfüllen.

Der Kampf gegen das Meer

Vor 8.000 Jahren befand sich die westliche Küstenlinie der heutigen Insel Sylt gut zehn Kilometer weiter meerwärts. Sylt war also erheblich breiter, dafür aber weniger lang. Denn ein Teil der Sandmengen, die das Meer im Lauf der Jahrtausende am Weststrand abgetragen hat, wurde an den äußeren Zipfeln wieder angeschwemmt. Außerdem war Sylt noch im 14.

Jahrhundert bei Ebbe fußläufig vom Festland aus erreichbar und Listland eine eigenständige Insel. Erst eine große Flut im Jahr 1362 änderte diesen Zustand endgültig und machte Sylt insgesamt zur Insel.

Der Prozess der Landumverteilung setzte sich allerdings fort. Durch die ständigen Meeresströmungen lagerte sich in den folgenden 300 Jahren der abgetragene Sand vermehrt im Bereich des heutigen Ellenbogens im Norden an. Infolgedessen versandete ab dem 17. Jahrhundert der Lister Königshafen. Die Insel Sylt, deren heutige Form jeder Deutsche von den Autoaufklebern kennt, existiert so also erst seit etwa 400 Jahren.

Was bedeutet dieses Wissen aber für die Zukunft? Natürlich wird Sylt sich weiter verändern. Nachdem der Buhnenbau im 20. Jahrhundert sich als weitgehend erfolglos erwiesen hat – viele Buhnen werden heute unter hohen Kosten wieder entfernt, zum Beispiel am legendären Strandabschnitt Buhne 16 in Kampen – versucht man inzwischen, den Landverlust durch teure Sandvorspülungen einzudämmen. Trotzdem sehen die Prognosen nicht gut aus: Sollte sich die Sturmhäufigkeit infolge der globalen Erwärmung weiter steigern, werden große Teile der Küstenlinie nicht zu halten sein. Besonders gefährdete Grundstücke werden schon heute nur noch mit erheblichen Risikoaufschlägen gegen Sturm versichert.

Pendler und Einheimische

Alt-Westerland

Zehn Minuten später sitzen die beiden Frauen in einem winzigen Café im alten Teil von Westerland.

»Ich fand es so verrückt, dass sich die Atmosphäre plötzlich völlig ändert, wenn man hier in diese Straßen eintaucht«, sagt Jule versonnen.

»Es ist in dem Viertel um St. Niels äußerlich immer noch vieles wie in den Sechzigerjahren, das stimmt. Aber leider nur äußerlich. Die Strukturen haben sich schon geändert. Früher kannten sich alle, es war wie auf dem Dorf. Jetzt gibt es auch hier viele Ferienwohnungen oder auch ganze Häuser, die neu gebaut werden und von vornherein nur zur Vermietung vorgesehen sind.«

Miriam zeigt aus dem Fenster. Auf der anderen Straßenseite prangt ein schmucker Neubau mit Spitzgiebel, Reetdach und Friesenwall. Im Vorgarten steht die Tafel einer Ferienwohnungsvermittlung und wirbt für die neuen Luxus-Unterkünfte.

»Dies hier ist eigentlich ein klassisches Einfamilienhausgebiet«, erklärt sie. »Und dann kommt so was. Es ist doch ein großer Unterschied, ob im Nachbarhaus eine Familie wohnt, die man selbst schon seit Jahren kennt, oder ob alle zwei Wochen neue Leute dort ein und aus gehen.«

»Und es gibt keine Bestimmungen gegen diese Umwidmung von Wohnquartieren?«, will Jule wissen.

»Zu wenige, wenn Sie mich fragen. Außerdem hilft das alles nicht viel, wenn der Wohnraum auf der Insel so teuer ist, dass kein Einheimischer mehr was Bezahlbares findet. Oft führt das dazu, dass die jungen Leute die Insel schon verlassen müssen, wenn sie nur zu Hause ausziehen wollen. Andere gehen, wenn sich Kinder ankündigen. Als ich vor 20 Jahren mit dem ersten Kind schwanger wurde, haben mein Mann und ich uns schweren Herzens von der Insel verabschiedet und ein Reihenhaus auf dem Festland gekauft. Für den Preis hätten wir hier ein Zweieinhalb-Zimmer-Appartment bekommen. Bestenfalls.«

Als die Kellnerin kommt und nach den Wünschen der beiden Frauen fragt, unterbricht sich Miriam und stutzt. Dann springt sie plötzlich auf und breitet die Arme aus.

»Maike, das gibt's doch nicht!«

»Mensch, Miri, ich hätt dich fast nicht erkannt. Ist unser letztes Klassentreffen schon so lange her? Lass dich ansehen, siehst gut aus. Büschen üppiger, steht dir aber.«

»Das kommt durch die Lütten. Hab mittlerweile drei davon. Und so richtig lütt sind die auch nicht mehr. Sind zwei Jungen und ein Mädchen. 20, 16 und 15.«

Zu Jule gewandt erklärt Miriam: »Da sehen Sie es selbst. Wenn ich auf der Insel wohnen geblieben wäre, dann hätte ich sicher alle paar Monate mal in meinem alten Viertel vorbeigeschaut. Ich hätte es gewusst, dass eine meiner Schulfreundinnen hier arbeitet. Und so? Bin ich nur durch Zufall drauf gestoßen. Denn wenn die Schule vorbei ist, hetze ich normalerweise immer zum Bahnhof.

Da bleibt wenig Zeit für Gelegenheitsbegegungen. Wie schön, dass das Treffen mit Ihnen mich hierhergeführt hat.«

Die Sylter Bevölkerung in Zahlen

Heute hat die Insel ca. 21.500 Einwohner, aber bereits mehr als 12.000 Zweitwohnungsbesitzer. Das bedeutet, dass jede dritte Unterkunft auf Sylt nur zeitweise bewohnt ist. In über 75.000 Gästebetten schlafen pro Jahr etwa 800.000 Gäste. Hochgerechnet ergibt das 6,47 Millionen Übernachtungen jährlich. Dagegen lesen sich die Ausführungen zur Belastungsgrenze, die das Bauamt der Gemeinde Sylt in den 1970er-Jahren für die touristische Nutzung der Insel festgelegt hat, wie ein frommer Wunsch: Danach sollten sich in der Hauptsaison gleichzeitig nicht mehr als 100.000 Menschen auf der Insel aufhalten. Tatsächlich sind es wohl eher zwischen 150.000 und 160.000.

Aber es kommt noch schlimmer: Nach einer internen Prognose des Bauamts aus dem Jahr 2010 nimmt die Einwohnerzahl vermutlich in den nächsten 20 bis 30 Jahren noch einmal um die Hälfte ab. Schon jetzt stammen 90 Prozent aller Immobilienkäufer nicht von der Insel. Die erdrutschartige Abwanderung der Einheimischen würde eine Tendenz verstärken, die schon seit Jahren überall sichtbar ist: In den elf Inselorten gibt es langsam aber sicher immer weniger gelebte Nachbarschaft – vor allem, weil es immer weniger Nachbarn gibt.

Nach einem kurzen Plausch der Schulfreundinnen bestellen die beiden Gäste bei Maike Tee und Plunderstücke. Am Nebentisch liest ein älterer Herr in der Zeitung. Vorn am Tresen kaufen zwei Schulmädchen Mürbegebäck und grüßen den Herrn, der sie daraufhin mit ihren Namen anspricht.

»So war das früher hier immer«, setzt Miriam die Unterhaltung fort. »Man kannte sich und man half sich. Jede Inselbevölkerung ist im Grunde doch eine verschworene Gemeinschaft. Aber wenn in jedem zweiten Haus ein Fremder wohnt ...«

»Ich möchte wirklich nicht indiskret sein, aber war es denn so einfach für Sie und Ihren Mann, auf dem Festland einen neuen Job zu finden?«

»Wieso auf dem Festland?«, ist die überraschte Antwort. »Ich arbeite weiterhin hier und mein Mann auch. Wir sind beide Lehrer und unterrichten hier am Gymnasium.«

»Und wie geht das mit dem Pendeln?«

»Es könnte schlimmer sein. Wir sind ja keine Einzelfälle. Die Nord-Ostsee-Bahn hat sich darauf eingestellt, täglich Hunderte, wenn nicht Tausende von Pendlern zu befördern. Wenn ich morgens um halb sieben in Niebüll in den Zug steige, dann kenne ich fast jeden Mitreisenden vom Sehen. Kellnerinnen pendeln genauso wie Ärzte. Sogar Polizisten pendeln, weil sie die Immobilienpreise auf der Insel einfach nicht bezahlen können.«

»Und wenn etwas passiert? Die müssen doch einsatzbereit sein.«

»Gott sei Dank ist Sylt eine ziemlich sichere Insel. Alle zehn Jahre versucht mal jemand, eines der Kampener Nobelgeschäfte auszurauben, aber sonst ist es hier eher ruhig. Natürlich wird die Sache mit den pendelnden Polizisten nicht gern gesehen und auch unter dem Deckel gehalten – aber es kommt vor. Und wenn sich die Prognosen erfüllen und die Inselbevölkerung weiter schrumpft, dann weiß ich noch nicht mal, wie lange man hier auf der Insel überhaupt eine komplette Schulausbildung wird absolvieren können.«

»Wie viele Schulen gibt es denn im Moment?«

»Da fragen Sie die Richtige«, lacht Miriam. »Grundschulen gibt es noch in allen größeren Orten, einige von ihnen sind aber akut von der Schließung bedroht. Dann haben wir jeweils eine Haupt- und Realschule und ein Gymnasium. Dazu noch die drei dänischen Schulen für die dänische Minderheit auf der Insel. Im Moment sieht es also ganz gut aus. Aber wenn die Bevölkerung weiter so abnimmt, dann gehen hier irgendwann die Lichter aus und Sylt wird außerhalb der Hauptsaison zu einer Geisterinsel mit leeren Straßen, Restaurants und Häusern. Und wenn der Nachwuchs erst einmal weggeblieben ist, dann hat das Folgen für mehrere Generationen.«

»Und in der Hochsaison findet man noch nicht mal ein freies Bett für die nächste Nacht, das ist schon verrückt«, wirft Jule ein, als Maike, die Kellnerin, den Tee und die Plunderstücke bringt.

»Brauchen Sie noch eine Unterkunft?«, fragt sie direkt.

Jule nickt. »Wenn es geht, hier in Westerland. Es muss auch nur für heute Nacht sein. Morgen kommt mich ... ein Freund besuchen, den hole ich mittags vom Bahnhof ab, danach werden wir uns sicher woanders etwas suchen.«

»Drüben in Tinnun ist eine kleine Pension, die haben noch was frei. Ich habe gerade heute Morgen gesehen, wie der Wirt das Zimmer-frei-Schild rausgehängt hat.«

»Das ist ja toll! Sagen Sie mir den Namen, dann rufe ich gleich an«, bittet Jule und holt ihr Handy aus der Tasche. »Wenn ich etwas hier auf der Insel gelernt habe, dann das: Ein freies Zimmer in der Hauptsaison ist seltener als ein Vierer im Lotto. Und glauben Sie mir, damit kenne ich mich aus!«

Riesen und Reisende

Am Westerländer Bahnhof

Nach einer unruhigen Nacht erwacht Jule am nächsten Morgen vom Rütteln eines bremsenden Zuges. Die Autoverladestation ist nicht allzu weit von ihrem geöffneten Pensionsfenster entfernt. Dafür hat ihr Zimmer nur 60 Euro gekostet, ein Schnäppchenpreis in der Hochsaison. Wenn Jule die zwölf Euro vom Café und die acht von ihrem abendlichen Besuch bei einer Fischbude dazurechnet, kommt sie auf insgesamt 80 Euro. Ein Blick in ihre Geldbörse zeigt Jule, dass heute der nächste Tausender angebrochen werden muss. Sie besitzt noch genau 6.009 Euro.

Während Jule versucht, sich auf den kommenden Tag zu konzentrieren, hört sie eine lange Geräuschkette von startenden Motoren und anrollenden Fahrzeugen. Es ist erst halb acht am Morgen und mitten in der Woche und Jule wundert sich über die vielen lauten Wagen. Aber dann wird ihr klar, dass ja nicht nur der Personenverkehr, sondern auch die gesamte Versorgung der Insel über die Schiene läuft. Ein Blick aus dem Fenster zeigt ihr auch prompt, dass um diese Uhrzeit vor allem Lieferwagen von der Rampe rollen.

Nach dem Frühstück, bei dem sie so lange wie möglich getrödelt hat, packt Jule ihre Tasche und räumt sie wieder ins Auto. Es bleiben ihr jetzt noch zweieinhalb Stunden bis zur Ankunft von Max. Bisher konnte sie die Gedanken daran ganz gut verdrängen. Manchmal keimte allerdings eine kleine Freude in ihr auf, die sie sofort mit ihrem schlechten Gewissen konfrontierte. Über Morten denkt Jule lieber gar nicht nach.

Stattdessen lenkt sie ihren Wagen durch ein paar Straßen in der Innenstadt und stellt ihn nicht weit entfernt vom Bahnhof ab. Staunend steht Jule einen Moment später vor den überlebensgroßen giftgrünen Figuren, die den Bahnhofsvorplatz zieren. Eine Familie von Riesen scheint hier gestrandet zu sein und sich jetzt mit all ihren Koffern und Taschen gegen den unerwartet heftigen Nordseewind zu stemmen.

Die *Reisenden Riesen im Wind*

Ein gut vier Meter hohes Elternpaar lehnt sich mit seinen beiden Kindern seit 2001 auf dem Westerländer Bahnhofsvorplatz in den Wind. 200.000 Euro ließ sich die Gemeinde das Kunstwerk kosten.

Elf Tonnen Ton und 2.000 Kilo Polyester benötigte der Kieler Künstler Martin Wolke, um die ungewöhnliche Familie zu modellieren, die in der Sylter Bevölkerung nicht unumstritten ist. Stehen doch der Vater mit seinem nackten Oberkörper und die Mutter mit ihrer spärlichen Bekleidung aus BH und Minirock nicht unbedingt für den Oberschichtstourismus auf der Insel. Auch die in grotesker Weise verkehrt herum sitzenden Köpfe der Kinder sorgen ebenso wie die vier windschiefen Laternen, die auch zum Ensemble gehören, immer wieder für Verwirrung und Streitereien darum, ob Wolkes Kunstwerk eigentlich »schön« ist.

Für die gerade ankommenden Tagestouristen, die mit ihren Rucksäcken und Strandtaschen den Vorplatz überschwemmen, sind die Figuren ein Hingucker. Schnell werden die riesigen Füße als Sitzgelegenheiten und Abstellmöglichkeit missbraucht. Reiseführer und Ortspläne werden aus den Taschen gezogen und in allen Dialekten der Republik wird darüber debattiert, in welcher Reihenfolge man die Inselsehenswürdigkeiten besichtigen sollte. Während Jule langsam an den Gruppen und Grüppchen vorbeischlendert, stellt sie fest, dass es den meisten zu reichen scheint, einen Bummel durch die Westerländer Fußgängerzone zu machen. Ein Imbiss in einer der republikbekannten Fischbuden von Jürgen Gosch gehört ebenso zum festen Programm wie der Spaziergang über die betonierte Strandpromenade. Nur wenige planen die Weiterfahrt mit einem der Inselbusse in Richtung List oder Hörnum. Und Keitum? Jule erinnert sich an den Anblick der Severinskirche vom Autozug aus. Das müssen die Tagestouristen doch auch gesehen haben. Aber es scheint für viele nicht interessant genug zu sein. Spontan beschließt Jule, für die nächsten Tage mit Max nach Keitum zu ziehen.

Als die Menge der frisch Angekommenen sich langsam zerstreut, setzt sich Jule selbst auf einen der giftgrünen Riesenfüße und zückt ihr Handy.

Die Dame beim Keitumer Fremdenverkehrsbüro macht ihr nicht gerade Mut, als sie nach einer Unterkunft für drei bis vier Nächte fragt. Erst jetzt fällt Jule auf, dass sie gar nicht weiß, wie lange Max überhaupt bleiben wird. Doch das ist der Dame am anderen Ende der Leitung ohnehin egal, denn es sei alles belegt. Allerhöchstens gebe es vielleicht noch ein Kapitänshaus für die drei Tage bis zum Samstag, da sei wohl jemand früher abgereist, erklärt sie Jule. Sie müsse aber erst einmal klären, ob das Objekt überhaupt tageweise vermietet werde. Ob Jule sich in einer halben Stunde noch einmal melden könne, dann wisse sie mehr. Jule bedankt sich und blickt auf die Uhr.

Ein Kapitänshaus? Das sind doch diese schönen alten Bauten, die ihr Morten in Braderup gezeigt hat. So etwas würde sie gern mieten, egal, was es kostet. In den letzten Tagen hat sie schließlich ziemlich gespart, also könnte sie sich durchaus ein Kapitänshaus leisten. Außerdem würde das Max bestimmt beeindrucken, überlegt Jule und fragt sich gleichzeitig, ob sie das überhaupt noch will: Max beeindrucken. Und falls nicht. Was will sie dann von Max?

Jule schmiegt sich, so gut es geht, an das stämmige Bein des giftgrünen Riesenmädchens. Es hat die Arme in die Seiten gestemmt und blickt mit seinem verdrehten Gesicht ziemlich keck über Jule hinweg. Vielleicht ruft es ihr aber auch zu: Du musst schon selbst wissen, was du willst, sonst wirst du es nie bekommen.

Also macht sich Jule eine innere Liste: Drei Grundsätze, von denen sie auf keinen Fall abweichen wird. Erstens: Max soll ihr erklären, was er an dieser Helene so anziehend gefunden hat und warum es trotzdem auseinandergegangen ist. Zweitens: Vorher will Jule auf keinen Fall auf Max' Charme hereinfallen. Drittens: Jule will so wenig wie möglich an Morten denken.

»Jetzt zufrieden?«, fragt Jule die Kinderfigur, an deren Bein sie lehnt, leise. Aber das giftgrüne Mädchen guckt weiter ungerührt in die Ferne. Es sieht fast so aus, als glaube sie Jule nicht ein einziges Wort.

Friesenhäuser und Ferienflieger

Keitum

Als Max bald darauf aus dem Zug steigt, hat Jule ihre guten Vorsätze schnell vergessen. Seinem strahlenden Lächeln und seinen weit ausgebreiteten Armen kann sie nicht widerstehen. Und der Duft seines After Shaves erinnert sie mit Wucht an die Zeiten, in denen Jule sie beide noch für das Liebespaar des Jahrhunderts gehalten hat.

»Ich bin so froh, dass du da bist«, erklärt Jule aus vollen Herzen, als beide den Bahnhofsvorplatz überqueren. Und dass das grüne Mädchen ganz leicht seinen verdrehten Kopf schüttelt, kann ja nur eine optische Täuschung sein.

»Hättest mich auch gleich mitnehmen können«, lacht Max und staunt nicht schlecht, als Jule wenig später die Türen ihres neuen Autos öffnet. »Sag, Jule: Hast eine Bank überfallen oder im Lotto gewonnen?«

Natürlich meint er seine Frage nicht ernst und guckt ungläubig, als Jule knapp antwortet: »Lotto.« Ohne eine weitere Erklärung lässt sie das Verdeck nach hinten fahren. »Deshalb lade ich dich jetzt auch ein. Ich hab's geschafft, für die nächsten drei Tage ein altes Friesenhaus in Keitum zu mieten. Du wirst staunen. – Wie lange wolltest du eigentlich bleiben?«

»Drei Tage, bis Samstag«, erklärt Max verblüfft. »Aber woher wusstest du das?«

»Intuition?«

»Sag bloß.« Max rückt ein Stück von Jule ab und betrachtet sie kritisch mit zusammengekniffenen Augen. »Hast dich verändert, irgendwie«, murmelt er.

»Hast mir wehgetan, irgendwie«, antwortet Jule und startet den Wagen.

Während sie auf einer gut ausgebauten Straße in Richtung Keitum fahren und dabei Gelegenheit haben, die wenig schönen Discounter und Outlets zwischen Bahnstrecke und Landstraße von vorn zu betrachten, bleibt Max auffallend schweigsam. Erst als sie schon im Dorfkern von Keitum angekommen sind und langsam zwischen Reetdachhäusern, Rosenhecken und Cafés entlangfahren, scheint Max die Sprache wiedergefunden zu haben. »Können wir irgendwo eine Kleinigkeit essen? Ich lad dich ein.«

Jule nickt und steuert den nächsten freien Parkplatz an. »Lass uns doch ein Stück zu Fuß gehen, das ist ja wirklich idyllisch hier.«

»Schaut's überall auf Sylt so geputzt aus?«, will Max mit Blick auf die niedrigen Häuser und die gepflegten Vorgärten wissen.

»Nur in Kampen gibt es ähnlich viele Reetdachhäuser, aber hier wirkt alles irgendwie authentischer. Die Geschäfte sind in den ganzen kleinen Wohnhäusern versteckt und es herrscht auch weniger Trubel.«

»Du red'st ja grad wie eine Inselführerin, bist wohl schon richtig herumgekommen«, bemerkt Max lachend und legt seinen Arm um Jules Schulter.

Max' Arm fühlt sich leichter an als der von Morten, aber das ist Jule ganz recht. »Wollen wir zum Watt gehen?«, schlägt sie vor und zeigt auf eine Hinweistafel. »Nielsen's Kaffeegarten« steht darauf und »Terrasse mit Wattblick«.

Max nickt unkonzentriert, während er mit zusammengekniffenen Augen ein breites Schild mustert, das mit Kabelbindern an einem Friesenzaun festgemacht ist. »›Villa Pilotenglück‹«, liest er leise. »Was meinen die damit?«

Im gleichen Moment hebt ein ohrenbetäubendes Getöse an. Eine Air-Berlin-Maschine donnert so tief über das Dorf, dass Jule meint, den Kopf einziehen zu müssen. Schnell vergegenwärtigt sie sich den Plan der Insel. Wenn man Wenningstedt, Westerland und Keitum als die Eckpunkte eines Dreiecks ansieht, dann liegt im Inneren dieses Dreiecks der Inselflughafen. Und der wird offenbar nicht nur von kleinen Maschinen angeflogen.

»Schau mal, da drüben«, unterbricht Max Jules Überlegungen. An der schönen Fassade eines alten Friesenhauses steht in gusseisernen Lettern direkt unterhalb des Erbauungsjahres der Name: »Haus Fluglärm«. Und das weiße Gebäude daneben nennt sich gar »Villa Kerosin«.

»Wahrscheinlich gibt es hier eine Protestbewegung, genauso wie in Berlin am Müggelsee. Die wollen ja auch nicht, dass ihre ruhige Wohngegend zum Krawallviertel mutiert.«

»Aber den Sylter Flughafen gibt's doch schon ewig«, wirft Max ein. »Ich erinnere mich, dass die Schwester meines Großvaters in den Siebzigern immer den ganzen Sommer über auf der Insel war. Und ihr Mann, der mächtig Kohle mit irgendwelchen Chemieaktien gemacht hatte, kam am Wochenende hinterhergeflogen.«

»Das ist schon richtig«, meldet sich jetzt die Stimme eines Herrn in Jeans und Clubjackett hinter den beiden.

Er schwenkt einen Schlüsselbund in der einen Hand und schickt sich an, eine der Gartenpforten aufzudrücken. »Den Flughafen gibt's schon seit über 90 Jahren. Und wenn der Wind ungünstig steht, dann sind die Flieger auch immer mal über Keitum reingekommen. Aber das war zweimal, na, höchstens dreimal am Tag und nicht stündlich. In Stoßzeiten haben wir inzwischen 16 Starts und Landungen täglich – und zwar nur von den Riesenvögeln von Air Berlin und Lufthansa. Die kommen sogar mit der 737 und dem Airbus A320 her. Die vielen Propeller- und Privatmaschinen zähle ich da schon gar nicht mehr.«

Der Sylter Flughafen

Unmittelbar nach Ende des Ersten Weltkriegs wurde der Flughafen erbaut. Bereits 1919 installierte man eine Linienflugverbindung auf der Strecke Berlin – Hamburg – Sylt, um den Tourismus auf der Insel zu stärken. Damals wurde die Insel nur im Sommer und mit winzigen Maschinen angeflogen, in denen drei bis fünf Passagiere Platz fanden.

Doch schon zehn Jahre später vergrößerte man den Flughafen um mehr als das Doppelte. Und wiederum zehn Jahre später bauten die Nationalsozialisten den Sylter Flugplatz wegen seiner strategischen Bedeutung zu einem Fliegerhorst mit drei sternförmig angelegten Start- und Landebahnen aus. Im Zweiten Weltkrieg kam der zivile Flugbetrieb völlig zum Erliegen. Nach Kriegsende nutzten die Alliierten den Flugplatz exklusiv. Erst seit 1961 war eine zivile Nutzung zu Teilen wieder möglich.

In den folgenden Jahrzehnten wurde das Streckennetz für Pauschal- und Linienflüge in viele deutsche Städte kontinuierlich ausgebaut. 1990 entstanden ein neues Abfertigungsgebäude mit integriertem Kontrollturm sowie eine Rettungs- und Fahrzeughalle. Außerdem wurde ein neues Instrumentenanflugsystem installiert, das Piloten bei Anflug und Landung unterstützt. Erst seit März 2006 wird der gesamte Flughafen ausschließlich zivil genutzt.

»Aber wo kommen die ganzen Touristen denn unter?«, will Jule wissen. »So viele Ferienwohnungen und Privatzimmer können Sie hier doch unmöglich haben.«

Resigniert zuckt der Herr mit den Schultern. »Nee, das nicht. Aber der Pauschaltourismus hat in den letzten zehn Jahren auch uns erfasst. Überall schießen die Bettenburgen in die Höhe. Und wenn es Hunderte von Gästebetten gibt, wie im Budersand in Hörnum, im A-Rosa in List oder in diesem neuen TUI-Dorfhotel in Rantum, dann müssen die auch gefüllt werden. Und zwar sommers wie winters. Und wenn man Vollpension und Pool und Sauna und Wellness anbietet, dann braucht keiner der Gäste mehr zwingend ein Auto. Entsprechend steigen die Fluggastzahlen. Diese Leute merken gar nicht mehr, ob sie auf Malle oder auf Sylt sind, weil sie ihr Hotel theoretisch nicht mehr verlassen müssen.«

»Das macht doch keiner, dazu ist die Insel viel zu schön«, wirft Jule ein.

Der Herr zuckt die Achseln und schließt die Gartenpforte mit einem lauten Knall hinter sich. »Für mich ändert das aber nichts. In jedem Fall sind die Leute erst mal über mein Dach hinweggedonnert.«

Wattblick und Friesentorte

Nielsen's Kaffeegarten

»Der war aber mies drauf«, sagt Max, während er die Pforte von Nielsen's Kaffeegarten für Jule aufhält.

»Na ja, wer will sich schon wehrlos seine Idylle kaputtmachen lassen«, gibt Jule zurück, während sie um das Restaurant herumgehen, denn die Terrasse liegt hinten zum Watt heraus. Helle Stühle stehen an kleinen quadratischen Tischen und hinter dem niedrigen Plankenzaun trennen nur eine Wiese und ein Spazierweg die Terrasse vom Watt. Gerade ist Flut und das Wasser reicht bis an den Wiesensaum. Still liegt es im Sonnenschein und der strahlend blaue Himmel spiegelt sich darin. Es ist zwei Uhr nachmittags und noch ziemlich leer, sodass sich Jule und Max einen freien Tisch mit wunderbarem Fernblick aussuchen können. Während Max von seinem Platz aus nach Süden bis zum Morsum-Kliff sehen kann, breitet sich vor Jule die Nord-Ost-Seite der Insel aus. Der Hafen von Munkmarsch, dahinter die weite Bucht vor Braderup und Kampen und – fast schon am Horizont im Dunst verschwimmend – List mit seinem Fährhafen. Gerade verlässt ein breites weißes Schiff die Mole, vermutlich um nach Rømø überzusetzen.

Plötzlich sieht Jule die Lister Hafenanlagen in allen Details vor sich. Sie meint sogar, den kühlen Abendwind auf der Haut zu spüren und Mortens Stimme zu hören. Was hat er gerade gesagt? Verwirrt blickt Jule auf.

Natürlich ist Max ihre Verträumtheit nicht entgangen. »Schön, dass du dich so für mich interessierst«, unterbricht er Jules Gedankenreise.

»Entschuldige, ich ... ich finde nur diese Ausblicke so grandios, die es hier überall gibt. Schau, da hinten: Das ist List, der nördlichste Hafen Deutschlands. Und davor liegt die Braderuper Heide, da duftet es himmlisch, das solltest du mal riechen.«

Erschrocken hält Jule inne. Nein, in die Heide will sie ganz bestimmt nicht mit Max. Überhaupt muss sie aufpassen, dass sie mit ihm völlig andere Dinge unternimmt als mit Morten, sonst wird sie irgendwann völlig durcheinanderkommen.

Zum Glück ist Max im Moment ganz auf den Kaffeeduft fixiert, der vom Nachbartisch herüberweht. »Bringen's mir auch so einen Mokka und dazu vielleicht einen Strudel«, schlägt er der Bedienung vor, die gerade an ihren Tisch tritt.

»Strudel?«

»Ja, ich kenn mich noch nicht so recht aus. Was isst man denn hier zum Kaffee?«

»Am besten unsere berühmte Friesentorte nach altem Sylter Rezept.«

»Und was kann ich mir darunter vorstellen?«

»Das ist ein doppelter Blätterteig mit Sahne und einer Füllung aus Pflaumenmus.«

»Gut. Das können's mir bringen.«

Rezept für die Sylter Friesentorte

Zutaten für den Teig

125 g	Mehl
60 g	Butter
45 g	Puderzucker
1 Beutel	Vanillezucker
1 Prise	Salz
1	Eigelb

Füllung

300 g	Blätterteig
500 ml	Sahne
3 Beutel	Vanillezucker
3 Blatt	weiße Gelatine
300 g	Pflaumenmus
100 g	gehackte Walnusskerne
12	ganze Walnusshälften

Zubereitung

Für den Mürbeteig das Mehl in eine große Schüssel sieben und in die Mitte eine Mulde drücken. Die Butter in kleinen Stücken auf dem Rand verteilen. Die übrigen Teigzutaten in die Mitte geben und alles zu einem glatten Teig verkneten. Im Kühlschrank zwei Stunden ruhen lassen.

Anschließend den Teig auf dem Boden einer gefetteten Springform (24 cm Durchmesser) ausrollen und mit einer Gabel mehrmals einstechen. Im auf 230 °C vorgeheizten Backofen auf der mittleren Schiene 15 Min. backen.

Jeweils 1 ¼ aufgetaute Blätterteigscheiben (Einzelstücke an den Rändern zusammendrücken) zu vier runden Platten von 26 cm Durchmesser ausrollen. Auf ein mit kaltem Wasser abgespültes Backblech legen und die vier Böden nacheinander ebenfalls bei 230 °C jeweils für 15 Min. backen.

Während Boden und Zwischenböden abkühlen, die Sahne mit dem Zucker steif schlagen, die Gelatine nach Anweisung auflösen und unter die Sahne ziehen. Den Mürbeteigboden mit Pflaumenmus bestreichen und mit Walnüssen bestreuen. Einen Blätterteigboden auflegen und mit Pflaumenmus sowie knapp einem Drittel der Sahne bestreichen. Zwei weitere Böden daraufsetzen und ebenfalls jeweils mit Pflaumenmus und Sahne bestreichen. Den vierten Boden in zwölf Tortenstücke schneiden und auflegen. Torte mit der restlichen Sahne, den Walnusshälften und etwas Pflaumenmus garnieren.

»Und die Dame?«, will die Bedienung wissen.

»Bürgermeister, bitte, und ein Kännchen Darjeeling.«

Die Kellnerin notiert die Bestellung und wendet sich ab. Jule atmet tief durch und schaut Max forschend ins Gesicht.

»Und? Helene? So hieß sie doch, oder? Was ist jetzt mit der?«

»Stellst mir aber viele Fragen auf einmal«, antwortet Max ausweichend.

»Brauchst mir auch nur die letzte zu beantworten«, insistiert Jule.

»Also, das war nichts. Ich hatte mich verguckt, ich geb's ja zu. Aber ... aber wenn du uns beide nicht entdeckt hättest, dann wär' das alles ganz von allein im Sande verlaufen. Und du hättest dich nicht so aufregen müssen.«

Jule ist sich nicht sicher, ob sie gerade richtig gehört hat. »Hör mal, Max, das ist doch nicht der Punkt. Ich dachte, du bist mir treu. Ich dachte, du liebst mich.«

»Ist ja auch so.«

Max steht auf und setzt sich auf den Stuhl dicht neben Jule. Dann nimmt er ihre Hände zwischen seine eigenen und sieht ihr tief in die Augen.

»Du bist die Beste von allen, das weiß ich jetzt. Ich hab solche Sehnsucht nach dir gehabt – und auch ein bisschen Angst, du könntest einen anderen haben.«

Max lächelt zu seinen Worten ziemlich zufrieden und Jule hat den Eindruck, dass es mit dieser Angst nicht besonders weit her war. Vielleicht sollte sie ihm einfach von ihrer Begegnung mit Morten erzählen? Doch würde das nicht wie eine billige Retourkutsche wirken? Wahrscheinlich. Vor allem aber würde es ihre eigenen Erinnerungen vergiften, und das will sie auf keinen Fall. Außerdem hat Max gar nicht auf eine Antwort gewartet, wie sie gerade merkt, denn jetzt zieht er Jule an sich und beginnt, ihr Gesicht mit zärtlichen Küssen zu bedecken. Jule schließt die Augen, um sich besser auf Max' Duft konzentrieren zu können. Aber so ganz kann sie nicht verhindern, dass der würzige Geruch von Heide und Schlick sich in den Vordergrund drängt, und mit ihm tun dies auch die Gedanken an Morten. Fast unwillkürlich stellt sich Jule die Frage, was Morten in diesem Augenblick wohl tun mag ...

Nielsen's Kaffeegarten

Überall in Keitum gibt es Hinweisschilder, die zu diesem idyllischen Ort führen. Hat man den unscheinbaren Vorplatz aber erreicht, erwartet einen seit dem Frühjahr 2012 eine unerfreuliche Überraschung. Nielsen's Kaffegarten, das älteste Café der Insel, ist geschlossen. Nur Brötchen kann man hier morgens noch kaufen, aber auf die legendären leckeren Kuchen und Torten müssen Einheimische und Touristen zurzeit verzichten. Für 2013 gibt es aber Hoffnung – schon zu Ostern könnten Haus und Terrasse in ihren historischen (und deutlich kleineren) Ausmaßen wiederhergestellt sein. Der hässliche Anbau soll abgerissen und der Parkplatz mit einem Wohnhaus bebaut werden.

Klöntür und Alkoven

Im Kapitänshaus

Eine Stunde später stehen Max und Jule auf einer frisch gemähten Wiese vor einem niedrigen Haus mit winzigen Fenstern. Deren Rahmen sind ebenso wie die Eingangstür in hellem Blau gestrichen, eine Farbe, die gut zu den üppig blühenden Hortensien in den schmalen Beeten unter den Fenstern und neben der Tür passt.

Die alte Dame, die ihnen aufschließt, heißt Grit Stellmacher und erzählt, dass ihre Eltern in diesem Haus gewohnt haben. Nach deren Tod habe sie sich entschieden, das Haus an Feriengäste zu vermieten. Als die alte Dame Max und Jule ins Innere des Hauses bittet, muss Max den Kopf einziehen, so niedrig ist die Tür. Außerdem besteht sie aus zwei Teilen. Der obere ist nur durch einen Riegel gesichert und kann separat geöffnet werden.

»Das ist die Klöntür«, erklärt Grit Stellmacher. »In den ganz alten Friesenhäusern lebten die Bauern ja gemeinsam mit ihrem Vieh. Das war praktisch und im Winter auch wärmer. Natürlich stank das manchmal. Deswegen war es wichtig, lüften zu können, ohne dass gleich das ganze Viehzeug weglief. Daher baute man in den oberen Teil der Tür eine Klappe. Später zeigte sich, dass diese Klappe auch anders genutzt werden konnte, nämlich zum Klönen. Die Nachbarin kam vorbei, man musste sie nicht gleich hereinbitten, falls zum Beispiel gerade mal nicht aufgeräumt war, man konnte sich einfach durch die Klöntür mit ihr unterhalten, ohne unhöflich zu sein.«

»Aber später haben die Leute doch bestimmt nicht mehr mit ihrem Vieh zusammengewohnt«, wirft Jule ein.

»Das nicht. Aber von der Klöntür wollten sie sich trotzdem nicht trennen. Deswegen wird sie bis heute in jedes anständige Friesenhaus eingebaut.«

»Kann ich gut verstehen«, antwortet Jule und blickt sich im Inneren des Hauses um. Alles ist klein und putzig. Das Erdgeschoss besteht aus zwei winzigen Wohnstuben und einer Küche, in der man sich kaum zu zweit aufhalten kann. Dafür entschädigt eine äußerst liebevolle Einrichtung.

»Die Fliesen über der Spüle stammen aus Delft in Südholland. Das Haus ist 1830 von einem meiner Vorfahren gebaut worden. Ein ziemlich wohlhabender Kapitän, der hat von überall auf der Welt Dinge für die Einrichtung mitgebracht. Der Holztisch im Wohnzimmer war zum Beispiel ursprünglich einmal ein asiatisches Tablett. Erst ein Sylter Schmied hat das Tischgestell darunter gefertigt. Und auf diese Weise sind noch viele andere Dinge ins Haus gekommen.«

Das Altfriesische Haus

Im Takerwai und im Hoyerstich in Keitum kann man schöne alte Friesenhäuser bewundern. Auf der gesamten Insel sind noch etwa 200 dieser Häuser erhalten. Und in der Straße Am

Kliff befindet sich das Altfriesische Haus, ein Museum vergangener Sylter Wohnkultur.

Diesen Backsteinbau aus dem Jahre 1739 betritt man durch eine zweigeteilte Klöntür. Im Inneren finden sich Öfen, Uhren, Truhen und Schränke, die die wohlhabenden Kapitäne des 18. und 19. Jahrhunderts von ihren Reisen in alle Welt mitgebracht haben. Porzellan und Bilder aus aller Herren Länder vervollständigen den Hausrat. Kacheln und Fliesen aus Holland sind zu prächtigen Öfen verbaut. Eine Besonderheit sind die Schrankbetten, die in die Wand des Wohnraums eingelassen sind und tagsüber hinter Türen verborgen werden konnten. Hier schliefen die Bewohner halb aufgerichtet in unbequemer Haltung, gestützt durch viele Kissen. Oft teilten sich mehrere Personen einen Alkoven.

Da es auf der waldlosen Insel wenig Holz gab, wurden viele der Schiffe, die vor der Küste strandeten, für den Hausbau ausgeschlachtet. Balken wurden zu Pfosten, aus Planken wurden Bodendielen.

Am Kliff 13, Keitum
Tel. 04651 / 311 01
www.museen-sh.de/ml/inst.php?inst=142

»Wir werden uns hier bestimmt sehr wohl fühlen«, sagt Jule, »auch wenn ich mich frage, warum dieses schöne Haus überhaupt noch frei war.«

Die Sylterin wird ernst.

»Ein Todesfall. Normalerweise habe ich jeden Sommer dieselben Gäste. Sie buchen von Jahr zu Jahr und wären sehr enttäuscht, wenn sie nicht wiederkommen könnten.

Das Haus ist für sie zur zweiten Heimat geworden, sie behandeln es wie ihr eigenes. Jetzt ist aber die Mutter des Mieters ganz überraschend verstorben und die Familie musste früher abreisen. Und als Ihre Anfrage kam, hat die Mitarbeiterin des Vermietungsbüros mich angerufen. – Wollen wir noch nach oben gehen?«

»Gern«, sagt Max und stößt sich prompt den Kopf an einem Balken, der den oberen Treppenabsatz stützt. »Mist, ich bin eindeutig zu groß für dieses Haus.«

»In die Schlafkojen dort unter der Schräge würden Sie jedenfalls nicht passen. Aber es steht ja auch noch ein Doppelbett unterm Dach. Das hat heutige Ausmaße.«

Jule ist Max' Augenzwinkern ein wenig peinlich, aber die Eigentümerin hat damit kein Problem.

»Sie werden sich hier bestimmt wohlfühlen. Das Haus ist ein schönes Liebesnest, das haben auch schon andere festgestellt.«

Jule begleitet Grit Stellmacher nach draußen, um ihr die Miete für die drei Tage zu geben. Max muss ja nicht unbedingt erfahren, dass so ein Kapitänshaus seinen Preis hat. 360 Euro pro Tag in der Hochsaison, um genau zu sein. Grit Stellmacher steckt das Geld in ihr Portemonnaie, ohne nachzuzählen. Wer so viel Miete pro Nacht zahlen kann, hat es wahrscheinlich nicht nötig, zu betrügen, überlegt Jule. Als die Vermieterin sich bedankt und verabschiedet hat, zählt Jule schnell ihr restliches Geld. 4.929 Euro besitzt sie noch.

Als Jule ins Haus zurückkehrt, steht Max in der Diele und lächelt ihr entgegen. Ein merkwürdiges Schweigen hängt im Raum. Jule weiß nicht recht, wohin mit sich. Das Gepäck ist noch im Auto, aber Max sieht nicht so aus, als wollte es hereinholen. Stattdessen macht er einen Schritt auf Jule zu – und dann beginnt er, sie auszuziehen.

»Hey, hat das nicht noch Zeit?«, wehrt sich Jule halbherzig.

»Wenn unsere Vermieterin uns schon so eine Brücke baut, dann sollten wir auch drübergehen«, murmelt Max mit einem Blick zu den Schlafkojen und vergräbt anschließend sein Gesicht in Jules Haar. Danach geht alles sehr schnell. Mit geübten Griffen streift Max Jule das Kleid über den Kopf, löst die Häkchen ihres Büstenhalters und zieht sie sanft mit der Hand am Slip hinüber zu einem der Kojenbetten.

»Du hast mir gefehlt«, flüstert er und schiebt jetzt auch den Slip über ihre Hüften. Jule merkt plötzlich, dass Max selbst noch vollständig bekleidet ist. Während sie Knopf für Knopf sein Hemd öffnet und sich viel zu lange mit der Gürtelschnalle beschäftigt, fahren Max' Hände schon eifrig über Jules Brüste und Schenkel.

Max schiebt sie sachte aber nachdrücklich auf das Kojenbett und drückt sie in die Bettwäsche. Die Bezüge duften nach Lavendel und Meer, findet Jule. Und als sie die Augen schließt, sieht sie Morten vor sich, wie er nackt und nass im Sand sitzt, nachdem er sie aus der Nordsee gezogen hat. Ruckartig richtet Jule sich auf.

»Was ist denn?«, beschwert sich Max.

»Hör mal, das ist viel zu klein hier. Ich stoße mir ja schon den Kopf, wenn ich nur versuche, auch noch meine Beine unterzubringen.«

»Ist doch egal ...«

Max ist erregt und will einfach weitermachen, aber Jule wehrt sich. »Mir geht das alles zu schnell. Lass uns erst mal die Koffer holen, und dann sehen wir weiter.«

»Du bist spießig«, schimpft Max.

»Und du bist aufdringlich.« Mit diesen Worten klettert Jule aus der Schlafkoje.

»Blödes Kapitänshaus«, murrt Max jetzt. »Mit einem ordentlichen Hotelbett wäre das nicht passiert.«

»Ordentliche Hotelbetten findest du überall auf der Welt, Kapitänshäuser nicht«, kontert Jule und beginnt, sich wieder anzuziehen.

Musik und Mittelalter

Die Kirche St. Severin

Nur eine halbe Stunde später, Jule und Max haben gerade die Taschen aus dem Auto geholt, steht die Vermieterin wieder vor der Tür des Kapitänshauses und wedelt mit zwei länglichen Eintrittskarten.

»Ich wollte Sie noch was fragen«, verkündet Grit Stellmacher leutselig und betritt ohne weitere Aufforderung das Ferienhaus. »Die vorherigen Mieter hatten zwei Tickets für das Konzert in der Severinskirche heute Abend. Die haben sie mir hiergelassen. Eigentlich wollte ich mit meiner Tochter hin, aber dann kam mir der Gedanke, das könnte Sie vielleicht auch interessieren.«

»Severinskirche? Konzert?«, fragt Max irritiert. »Müssen wir da mitsingen, oder wie?«

Die Vermieterin lacht. »Ach was. Die Konzerte sind berühmt, sie finden in der ganzen Saison jeden Mittwoch statt und sind immer ausverkauft. Die Tickets, die ich hier habe, sind also eine Rarität ...«

»Wir nehmen sie«, mischt sich Jule ein. Bei dem Gedanken daran, dass sie am Abend schweigend neben Max sitzen und dabei auch noch tolle Musik hören kann, entspannt sie sich augenblicklich. Warum das so ist, darüber möchte Jule lieber nicht nachdenken.

»Sie haben ja gar nicht gefragt, welcher Künstler heute zu Gast ist«, bemerkt die Vermieterin mit missbilligendem Stirnrunzeln.

»Wer ist es denn?« Max setzt sein Verführerlächeln auf und Jule kann deutlich sehen, wie Grit Stellmachers Herz dahinschmilzt.

»Matthias Eisenberg, ein sehr berühmter Organist. Er spielt *Die Kunst der Fuge* von Bach.«

»Toll«, murmelt Max, ohne einen Hehl aus seiner Enttäuschung zu machen.

»Es gibt nicht nur Orgelkonzerte hier«, versichert Grit Stellmacher eifrig. »Auch Trompeter kommen gern in die Kirche. Und genauso oft haben wir Chöre zu Gast. Manchmal gibt es auch Jazzkonzerte. Aber Eisenberg ist wirklich was ganz Besonderes.«

Trotz der werbenden Worte sieht Max alles andere als überzeugt aus. »Und du meinst wirklich, dass das für heute Abend das richtige Programm ist?« Der Blick, den er Jule zuwirft, ist mehr als eindringlich und es ist nicht schwer für Jule, die eigentliche Botschaft hinter Max' Worten zu erkennen: Was soll das? Wir haben nur drei Tage miteinander, und du willst plötzlich in ein klassisches Konzert?

Aber Jule tut, als hätte sie nichts bemerkt und greift nach den beiden Konzertkarten. »Was bekommen Sie dafür?«

»60 Euro, es sind Plätze oben auf der Empore, darum sind sie so günstig. Aber die Orgel ist ja auch oben und außerdem sieht man den Sonnenuntergang von dort aus besonders gut.«

Als Jule und Max am frühen Abend zu Fuß in Richtung St. Severin unterwegs sind, ist nicht eine einzige Wolke am Himmel zu sehen. Von Westen her weht ein milder Wind und lässt die Fahnen an den vielen Masten flattern, die in den Vorgärten stehen. Vor dem strahlenden Himmel machen sich die weißen Stranddisteln auf blauem Grund ausgesprochen malerisch.

»Komisch«, murmelt Jule. »Michi hat doch gesagt, dass das die Kampener Fahne ist. Warum hissen die Leute sie dann auch in Keitum?«

»Wer ist Michi?« Max ist plötzlich hellwach.

Jule lacht. »Mein Reiseführer.«

»Und wo hast du den kennengelernt?«

»Im Buchladen«, antwortet Jule bereitwillig und grinst.

»Und mit ihm hast du dir also die Zeit hier auf der Insel vertrieben, bevor ich gekommen bin.«

Jule nickt. »Ganz genau. Und ich habe echt viel von ihm gelernt.«

»Und wo ist der Typ jetzt?«

Max' Stimme klingt ziemlich aggressiv.

»Na, bei uns im Ferienhaus. Liegt auf meinem Nachttisch, glaube ich.«

»Er liegt auf deinem Nachttisch? Verscheißerst du mich gerade, oder was?«

Jule bleibt stehen und sieht Max spöttisch ins Gesicht.

»Nett, dass du auch mal eifersüchtig bist. Allerdings auf den Falschen.« Sie beißt sich auf die Lippen. Das hat sie ganz bestimmt nicht sagen wollen. Schnell redet sie weiter. »Du kannst dich ruhig wieder abregen. Michi ist ein Buch. Ein Reiseführer, wie gesagt.«

»Und seit wann gibst du Büchern Männernamen?« Max sieht nicht wirklich überzeugt aus.

Jule seufzt. »Ich hab mich ziemlich allein gefühlt, als ich hergefahren bin. Da habe ich ihn eben auf den Beifahrersitz gelegt. Ich ... ich fand's irgendwie tröstlich, mit ihm zu reden.«

»Ja, spinnst jetzt komplett? Du redest mit einem Buch?«

»Du warst ja nicht da.«

Während Max sich noch bemüht, seiner Verwirrung Herr zu werden, weist Jule nach vorn. Sie haben mittlerweile die bebauten Keitumer Gassen verlassen und sind auf der Umgehungsstraße angekommen. Die Kirche St. Severin steht etwa einen Kilometer nördlich des Ortes auf einem kleinen Hügel und ist schon von hier aus sichtbar. Jule und Max sind nicht die einzigen, die zu Fuß zu dem Konzert unterwegs sind. Viele andere Paare und Familien nutzen ebenfalls die Gelegenheit, um einen Abendspaziergang zu machen. Außerdem kommen von überall her Autos und steuern den großen Parkplatz gegenüber der Kirche an.

»Sakrament!«, entfährt es Max, als ein offener Aston Martin an ihnen vorbeirauscht. »Hier geht's ja zu wie auf dem Autosalon.«

»Dabei warst du noch nicht mal in Kampen«, lacht Jule. »Da darf man sich kaum auf die Straße trauen, wenn man nicht in einem dieser teuren Schlitten sitzt. In der Autozugschlange habe ich hinter einem Maybach gestanden, ungelogen. Und auf dem Parkplatz am Strand herrschen Zustände wie im Dschungel.«

»Wie meinst denn das jetzt wieder?«, will Max wissen.

»Die Promis kämpfen nicht nur so verbissen um die besten Parkplätze, als hinge ihr Leben davon ab, sondern sitzen dabei auch noch hoch oben in ihren Jeeps und fühlen sich wahrscheinlich wie die Könige der Straße.«

»So würde es mir auch gehen, wenn ich so einen Wagen hätte«, murmelt Max. Offenbar kann er gar nicht genug von den vielen schicken Autos bekommen. Jule ist ganz froh, als sie endlich bei der Kirche angekommen sind. Sie hakt Max unter und zieht ihn schwungvoll auf den schmalen Weg, der zum Portal führt. Allerdings scheint es heute Abend geschlossen zu bleiben. Dafür hat sich bereits eine lange Schlange von Wartenden vor einem Seiteneingang gebildet. Max und Jule stellen sich auch an und haben viel Zeit, sich umzusehen.

Die Kirche wirkt leicht gedrungen und sehr anheimelnd. Ihr weißer, zweigeteilter Baukörper, an den sich ein niedriger Turm aus hellen Backsteinen auf der einen Seite und eine halbrunde Apsis auf der anderen anschließen, thront inmitten eines gepflegten Friedhofs zwischen Straße und Watt. Die Bäume und Sträucher auf dem Friedhof sind ziemlich hoch und üppig grün, sodass sie fast die Grabsteine verbergen. Jule findet es schade, dass sie nicht früher gekommen sind. Sie hätte sich gern den Friedhof angesehen. Aber jetzt sind sie schon fast am Seiteneingang und Jule ist zu gespannt darauf, was sie erwartet, um noch umzudrehen.

Die Kirche St. Severin

St. Severin ist der älteste erhaltene Sakralbau in Schleswig-Holstein, und erst seit 1544 ist die Kirche evangelisch-lutherisch. Schon in vorchristlicher Zeit gab es auf dem Hügel an der Straße nach Munkmarsch ein Odin-Heiligtum. Die heute noch stehende Kirche wurde 1240 zum ersten Mal urkundlich erwähnt, doch der romanische Bau aus Feldsteinen, Granit und Ziegelsteinen ist noch etwas älter. Den Dachstuhl datiert man auf das Jahr 1216. Das älteste Stück im Innenraum der Kirche ist der Taufstein, der um 1250 aus Sandstein gefertigt wurde. Auch der dreiteilige Schnitzaltar in der Apsis stammt aus spätgotischer Zeit. Zwei an der Westseite vermauerte trapezförmige Hausteine gelten als die Grabsteine der Stifterinnen, der beiden Nonnen Ing und Dung.

Die Innengestaltung der Kirche ist unkonventionell und oft verändert worden. Der 1450 angefügte spätgotische Turm diente bis 1603 als Seezeichen, also als Orientierungspunkt zur Navigation. Bis 1803 verwendete man ihn zwischenzeitlich auch als Gefängnis. Das Vorhaus an der Südseite wurde zeitweise als Aufwärmraum für Kirchenbesucher genutzt und erst 1979 zur Sakristei umgebaut. Die Turmhalle war lange zum Kirchenschiff hin zugemauert. 1981 wurde sie wieder geöffnet und dient nun als Eingangshalle. Bei der letzten Renovierung wurden 1985 die bis dahin braun gestrichenen Holzteile wieder in der ursprünglichen, taubenblauen Farbe lackiert und die Verzierungen cremefarben abgesetzt.

Direkt an der Kirche befindet sich der historische Friedhof von Keitum. Die Grabsteine sind zum Teil noch aus dem 15. Jahrhundert und viele von ihnen wurden sorgfältig restauriert.

Die Keitumer Kirche ist zudem wegen ihrer Konzerte inselweit berühmt. Fast jeden Mittwoch gastieren hier bedeutende Solisten.

Pröstwai 20, Keitum
www.st-severin.de

Das Kirchenschiff wirkt schlicht und gleichzeitig sehr nobel. Zwischen weiß gekalkten Wänden, auf denen an manchen Stellen Reste von Malereien zu sehen sind, befinden sich die hölzernen Sitzbänke, die in graublauen Tönen gestrichen sind. Die Treppe zur Empore, auf der Max und Jule ihre Sitzplätze haben, ist eng. Auch oben sitzt man dicht an dicht. Ihre Plätze sind in der ersten Reihe, direkt an der hölzernen Brüstung. Max stößt mit den Knien dagegen und hat Mühe, seine langen Beine bequem unterzubringen. Das hält ihn aber nicht davon ab, sofort einen Arm um Jule zu legen und sie an sich zu ziehen.

»War vielleicht doch keine so schlechte Idee, herzukommen«, gibt er leise zu. Mit dem freien Arm weist er hinüber auf die andere Seite, wo die tiefstehende Sonne von rechts durch die nach Süden gehenden Fenster strahlt. »Wenn sich nachher das Licht ändert, wird's bestimmt romantisch.«

Jule nickt. Und schluckt. Sie hat nichts gegen Romantik, aber sie ist sich immer noch nicht sicher, ob sie wirklich den richtigen Mann dafür an ihrer Seite hat.

Zum Glück werden ihre Grübeleien durch die Ankunft des Organisten unterbrochen. Nach einem herzlichen Applaus beginnt er zu spielen. Und schon die ersten Töne, die er aus der Orgel zaubert, nehmen Jule völlig gefangen. Die Musik scheint körperlich im Kirchenschiff anwesend zu sein, ihr ist, als würde sie jede einzelne der Schwingungen spüren, die der Organist dem mächtigen Instrument entlockt.

Während Max sacht Jules Arm streichelt, lässt sie den Blick schweifen. Wenn sie sich ein wenig vorbeugt, kann sie den Altar bewundern, der wie ein geöffnetes Buch aussieht, auf dessen Seiten Heiligenfiguren wohnen. Außerdem fallen Jule die schönen Leuchter auf, die den Raum im Winter sicher festlich erstrahlen lassen. Sie versucht, sich die Kirche ohne Touristen vorzustellen, einen Weihnachtsgottesdienst nur für Friesen, die dick eingepackt, mit rot gefrorenen Nasen das Kirchenschiff betreten und sich erst einmal ausführlich begrüßen, weil sie sich natürlich alle kennen. Als Jule klar und deutlich Morten unter den Friesen ausmacht, schaltet sie das innere Bild ab.

Gerade schwillt die Musik zu einem besonders gewaltigen Rauschen und Schwingen an. Hinter den Fenstern des Kirchenschiffs erscheint das erste helle Rot der Abenddämmerung. Jule wendet ihr Gesicht von dem Leuchten ab und Max zu. Dann spitzt sie den Mund zu einem Kuss und schließt die Augen, als Max ihn erleichtert erwidert. Vielleicht ist das mit der Romantik nur eine Sache des Wollens, überlegt Jule. Und zumindest die Musik gibt ihr recht.

Kieler und Kliffkanten

Frühstückszeit

Am nächsten Morgen ist Max allerbester Laune. »Was sollen wir heute unternehmen?«, fragt er aufgekratzt, richtet sich im Bett auf und deutet aus dem Fenster auf die sich türmenden Wolken am Himmel über Sylt. »Strandwetter ist das nicht unbedingt, oder?«, fügt er skeptisch an.

Auch Jule blinzelt jetzt nach draußen. Sie hat bis eben geschlafen und würde sich diesem Tag am liebsten gar nicht stellen.

»Wir könnten irgendwo frühstücken gehen und anschließend zum Polo«, schlägt sie vor.

»Polo? Wie kommst du denn dadrauf?«, fragt Max verblüfft.

»Na, überall stehen doch diese Werbetafeln. Und ich hab so was noch nie gesehen. Du vielleicht? Wahrscheinlich haben wir sonst nie wieder die Gelegenheit dazu.«

»Okay.« Max küsst Jule auf die Nase. »Nach der letzten Nacht gehe ich mit dir überallhin. Selbst zum Polo.«

»Na, dann los.«

Jule springt aus dem Bett. Über die vergangene Nacht will sie lieber gar nicht nachdenken.

Nicht, dass sie irgendetwas bereuen würde. Aber das merkwürdige Gefühl ist geblieben. Und ihr Interesse am Polo ist weniger inhaltlich begründet, auch wenn sie als Mädchen mit Begeisterung geritten ist. Vielmehr hat sie sich überlegt, dass es wahrscheinlich nur einen einzigen Ort auf der ganzen Insel gibt, an dem sie Morten ganz bestimmt nicht begegnen wird. Und das ist nun mal der Poloplatz. Außerdem findet das Turnier auf einer Wiese außerhalb von Keitum statt, also gewissermaßen vor ihrer Tür.

Jule wendet sich schwungvoll zu Max um, der immer noch im Bett liegt und ein bisschen enttäuscht aussieht.

»Steh auf, du Schlafmütze«, ruft sie und lässt ihre Stimme fröhlich klingen. »Erst machst du mich wach, und dann willst du nicht raus aus den Federn.« Nach einem kurzen Blick auf ihre Armbanduhr fügt sie hinzu: »Es ist zehn Uhr durch, du willst doch nicht, dass man uns in allen Frühstückscafés die besten Brötchen wegisst.«

»Ich denke, Sylt ist die Insel der Superreichen«, mault Max. »Die werden doch auch ausschlafen wollen.«

»Mach, was du willst, ich geh duschen.«

Und schon ist Jule aus dem Schlafzimmer verschwunden.

Als die beiden eine gute halbe Stunde später durch das Keitumer Zentrum schlendern, hat sich der Himmel bedrohlich zugezogen. Scharfe Böen fegen um die Ecken der weiß getünchten Friesenhäuser, in denen hier am Gurtstig eine Nobelboutique neben der anderen untergebracht ist.

»Eigentlich habe ich Keitum für einen besonders beschaulichen Ort gehalten«, wundert sich Max. »Die Nachbarn meiner Eltern sind früher jeden Sommer hergekommen und haben nie etwas von diesen ganzen Geschäften erzählt.«

»Vielleicht ist denen in Kampen der Platz ausgegangen«, überlegt Jule gerade, als ein plötzlicher Schauer innerhalb von Sekunden die Pflasterung dunkel färbt und alle Touristen ins Innere der Läden treibt. Max und Jule flüchten sich in ein kleines Café, das direkt neben ihnen an der Ecke liegt und den gemütlichen Namen *Kleine Teestube* trägt. Innen erwecken geblümte Gardinen, Landschaftsbilder in dicken Goldrahmen und nostalgische Möbel den Charme vergangener Tage zum Leben. In liebevoll dekorierten Vitrinen verlocken Torten und Teilchen die Besucher.

Max und Jule ergattern den letzten freien Tisch, an dem anstelle von Stühlen ein Polstersessel und eine rote Sitzbank stehen.

»Puh, Glück gehabt«, stöhnt Jule und wirft sich auf die Bank. »Noch 20 Sekunden da draußen und wir wären pitschnass gewesen.«

»Das hört ebenso schnell wieder auf, wie es gekommen ist«, tröstet die Kellnerin und reicht beiden eine Karte. »Dafür kann es aber nach zehn Minuten auch wieder losgehen«, ergänzt sie schmunzelnd.

»Das Risiko wollen wir besser gar nicht erst eingehen.« Jule wirft nur einen kurzen Blick auf die Karte und entschließt sich spontan für das große Frühstück, komplett mit allem Drum und Dran.

Frühstückscafés für Genießer

Manne Pahl

Das traditionsreiche Restaurant im Dorfkern von Kampen ist seit einigen Jahren unter schweizerischer Leitung. Die Kuchen werden aber immer noch nach den überlieferten Rezepten des legendären Bäckers Manne Pahl hergestellt. Von 10–12:30 Uhr wird im geräumigen Wintergarten oder in den verwinkelten Stuben das große Frühstück mit Lachs, Müsli, Rührei und Getränken satt serviert. Es kostet 20 Euro. Das hausgemachte Schwarzbrot ist etwas ganz Besonderes.

Zur Uwe Düne 2, Kampen
Tel. 04651 / 425 10
www.manne-pahl.de

Kleine Teestube

In dem schnuckeligen Keitumer Reetdachhaus frühstückt man von 10–12 Uhr wie in Omas guter Stube. Bei schönem Wetter ist ein Platz auf der sonnigen Terrasse im Garten unübertroffen. Besonders begehrt sind die Tische an den Strandkörben. Die riesige Teeauswahl ist legendär, das Frühstück kostet zwischen 8,50 und 15,50 Euro und man kann seinen Lieblingstisch reservieren.

Westerhörn 2, Keitum
Tel. 04651 / 31 862
www.kleineteestube-sylt.de

Restaurant Strönholt

Das auf dem Gelände des Golfclubs Budersand in Hörnum gelegene Restaurant ist edel, aber schlicht in dunklem Holz möbliert und bietet einen tollen Blick über die Nordsee. Ab morgens früh um 9 Uhr kann man hier mit Aussicht auf Meer und Golfplatz für 5,20–12,50 Euro vergleichsweise preiswert frühstücken. Der Sonntagsbrunch von 11–14 Uhr für 28 Euro lässt keine Wünsche offen.

Fernsicht 1, Hörnum
Tel. 04651 / 449 27 27
www.stroenholt.de

Café Wien

Traditionsreiches Familienunternehmen in der Westerländer Fußgängerzone. Hier ist immer noch alles hausgemacht und garantiert ohne Konservierungsmittel und Geschmacksverstärker. Eine besondere Attraktion sind die Leckereien der angeschlossenen Schokoladenmanufaktur und die lustig bunten Cupcakes. Für Langschläfer gibt es bis zum Geschäftsschluss für 10 Euro die Vesperplatte.

Strandstraße 13, Westerland

Tel. 04651 / 53 35

www.cafe-wien-sylt.de

Hotel Morsum-Kliff

Direkt über den fantastischen Klippen mitten im Naturschutzgebiet Morsum-Kliff kann man nicht nur wohnen, sondern auch als Wanderer oder Spaziergänger von 10–17 Uhr frühstücken. Für Fischliebhaber empfiehlt sich das Morsum Kliff Frühstück für knapp 20 Euro, bei dem nicht nur Lachs, sondern auch Nordseekrabben und ein Scampispieß serviert werden.

Nösistig 13, Morsum

Tel. 04651 / 83 63 20

www.hotel-morsum-kliff.de

»Willst du auch, Max? Ich lade dich ein.«

Max nickt, wartet einen Moment bis die Kellnerin weitergezogen ist und erkundigt sich dann leise: »Sag mal, wie viel hast du eigentlich gewonnen, dass du so mit dem Geld um dich wirfst?«

»Rate.«

»5.000?«

»Mehr. Ich hab doch auch das Auto von dem Geld gekauft. Schon vergessen?«

»50.000?« Max' Stimme ist noch leiser geworden.

Jule lacht. »Erstens benimmst du dich, als säßen hier an jedem Tisch gierige Räuber, die nur darauf warten, einen fetten Fang zu machen, und zweitens scheinst du eine Fünfer-Fixierung zu haben.«

»Jetzt sag schon: Ist es weniger oder mehr?«, fordert Max ungeduldig.

»Die Hälfte, knapp.«

»Und du willst das wirklich alles hier auf den Kopf hauen?«

Jule nickt.

»Warum eigentlich?«

»Erst war ich unglücklich, ich hatte Liebeskummer, schon vergessen? Und jetzt bist du hier. Soll ich da plötzlich anfangen zu sparen?«

»Wie war das noch mit Luft und Liebe?«

Max beugt sich zu Jule über den Tisch und küsst sie sehr ausführlich, bis die anderen Cafégäste anfangen herüberzuschauen. Zum Glück kommen dann auch schon die Frühstücksplatten. Sie sind dicht an dicht belegt mit Schinken, Käse und Räucherfisch. Dazu gibt es Honig, Marmelade, ein Glas Sekt und natürlich einen üppig bestückten Brötchenkorb.

»Können Sie uns kurz erklären, wie die alle heißen«, bittet Jule die Kellnerin und wendet sich augenzwinkernd Max zu. »Du wirst nämlich staunen, wenn du die Brötchennamen hörst. Bei jedem Bäcker, den ich bisher betreten habe, hätte ich die Liste am liebsten auswendig gelernt.«

Die Bedienung lächelt. »Die Brötchen sollen eben zur Insel passen, deshalb die Namen. Das hier vorn mit Mohn, Sesam und Sonnenblumenkernen ist eine Kliffkante. Das ist der absolute Renner auf der Insel. Das da drüben ist ein Kieler. Rosinenbrötchen kennen Sie ja bestimmt.«

»Wir könnten noch ein paar Brötchensorten dazuerfinden«, schlägt Max vor. »Wie wär's mit dem Alten Friesen?«

»Roggenteig von gestern?«, lacht Jule.

»Genau. Nicht zu verwechseln mit dem Robbenbrötchen.«

»Robbenbrötchen?« Jule runzelt die Stirn. »Das ist bestimmt eine längliche Schrippe mit Mandelblättersprossen.«

»Ganz falsch«, belehrt sie Max. »Das ist eine Laugenstange mit Nordseesalz betreut.«

»Laugengebäck ist doch süddeutsch.«

»Aber nicht in Zeiten der Globalisierung.« Triumphierend zieht Max ein Laugenbrötchen aus den Tiefen des Brotkorbs hervor. »Wie du sehen kannst, schätzt man uns Bayern auch an der Nordsee.«

»Darauf trinke ich«, antwortet Jule, hebt ihr Sektglas und prostet Max zu.

Chukkas und Zigarren

Beim Polotunier

Gegen Mittag wird das Wetter besser, und als Jule und Max den großen Parkplatz neben dem Polofeld erreichen, guckt sogar die Sonne durch die Wolkendecke. Neugierig mustert Max die ankommenden Autos und die anderen Turnierbesucher. »Scheint eher ein Vergnügen für die oberen Zehntausend zu sein«, murmelt er und wirkt tatsächlich ein wenig eingeschüchtert.

»Weißt du, was ein Pferd kostet? Und so ein Polospieler braucht mindestens zwei, besser sind fünf, manche haben sogar sechs. Dagegen sind die Eintrittspreise hier doch noch moderat – es sei denn, du willst in den VIP-Bereich. Willst du?«

»Spinnst du? 120 Euro für einen Nachmittag. Davon lebe ich in Berlin eine ganze Woche!«

Max rauft sich die Haare, während Jule dem Kassierer einen 20-Euro-Schein gibt und die beiden Tagestickets entgegennimmt. Das Pärchen vor ihnen in der Schlange ist kaum älter als Jule und Max und hat ungerührt

240 Euro für zwei VIP-Karten für den nächsten Tag hingeblättert. Während die beiden Händchen haltend hinüber zum Poloplatz schlendern, schimpfen sie darüber, dass das VIP-Zelt nur am Wochenende geöffnet hat.

Das Keitumer Poloturnier

Das German Polo Masters Sylt findet seit 1998 jedes Jahr Ende Juli statt. Es trägt den Namen des Hauptsponsors, des Bankhauses Sal. Oppenheim. Die Mannschaften reisen aus der ganzen Welt an.

Gespielt wird etwa eine Woche lang, die Tageskarten für den Zuschauerbereich kosten zehn Euro pro Person, Kinder bis zwölf Jahre zahlen nichts. Wer ins VIP-Zelt möchte, muss mehr hinlegen. An den letzten drei Turniertagen kann man dann aber in bevorzugter Position unmittelbar am Polofeld bei freien Speisen und Getränken die Ausscheidung verfolgen. Die Karte kostet zwischen 120 und 220 Euro, je nach Turniertag; Champagner kostet extra.

www.polosylt.de

»Was glaubst du, woher die so viel Geld haben?«, flüstert Jule.

»Lotto?«, schlägt Max vor.

»Mach dich nicht lächerlich.« Jule boxt Max in die Seite.

Max hält ihre Hand fest und murmelt: »Der Typ ist höchstens 24, der kann eigentlich noch nicht viel verdienen.«

»Vielleicht ist er von Beruf Erbe«, überlegt Jule und mustert die beiden ziemlich ungeniert. Die junge Frau trägt braune Ugg-Boots über einer sehr engen weißen Jeans und ein weites Flatterhemd unter der La-Martina-Steppjacke.

Ihr Freund hat ein perfekt geschnittenes Tweedjackett an, dessen Ärmelknöpfe geöffnet sind. Irgendwo hat Jule mal gelesen, dass das ein Zeichen für Maßgeschneidertes ist. Mit 24 Jahren, na toll. Als Jule an seinen Füßen moosgrüne Lederslipper entdeckt, die so empfindlich aussehen, als müsste man sie nach dem ersten Regenguss wegwerfen, wundert sie sich kaum noch.

Max scheint eher Augen für das Mädchen zu haben. »Und seine Begleiterin ist von Beruf Braut, oder wie? Glaubst du wirklich, so läuft das heute noch?« Er klingt skeptisch.

Jule zuckt die Schultern. »Woher soll ich das wissen. Aber wenn wir hier eine Weile soziologische Studien treiben, erfahren wir es vielleicht.«

»Ich will lieber was über Polo erfahren«, erklärt Max. »Was kostet eigentlich so ein Pferd? Und warum braucht man so viele? Und woher weißt du das überhaupt?«

»Das mit den Pferden habe ich im Internet gelesen. Heute früh, als du unter der Dusche warst«, gesteht Jule. »Sonst fällt mir bei Polo eigentlich nur Prinz Charles ein. Dann stelle ich mir ein Rudel von Landedelmännern vor, die auf Pferden mit weißen Beinmanschetten sitzen, Holzhämmerchen mit extra langen Stielen schwenken und so komische Helme tragen.«

»Das trifft es doch schon ziemlich genau, auch wenn die Jungs hier eher wie südamerikanische Rinderbarone aussehen.«

Max zeigt auf die acht dunkelhaarigen, muskulösen

und gut gebräunten Reiter, die mit großer Geschwindigkeit über den riesigen Platz galoppieren.

»Die gefallen mir schon mal.« Jule sieht sich um. »Ob ich den Rest dieses Volksfests auch mag, weiß ich allerdings noch nicht so genau.«

Seitlich des Polofeldes stehen Bierbänke und drumherum sind jede Menge Ausstellungs- und Gastronomiestände aufgebaut. Und für die Minibosse und ihre kleinen Prinzessinnen gibt es einen KidsClub mit Kinderhüpfburg.

»Schau mal, da hinten kannst du dir sogar die Haare machen lassen.« Max weist auf den Stand eines bekannten Shampooproduzenten.

»Warum? Gefällt dir meine Frisur nicht?«

»Mir gefällt alles an dir.« Überschwänglich nimmt Max Jule in die Arme, doch sie kommt nicht dazu, die Umarmung zu erwidern, denn ein Hüne im Poloshirt tippt ihr plötzlich auf die Schulter.

»Passen Sie lieber auf, während das Spiel läuft. So ein Ball kann schnell mal ins Publikum fliegen, da ist es besser, wenn man das Ganze im Auge behält. Der Ball, so klein er ist, wird bis zu 180 Stundenkilometer schnell, das ist dann kein Spaß mehr. Es sollen schon Zuschauer einen Zahn verloren haben.«

»Kennen Sie sich mit den Regeln aus?«, will Jule wissen. Sie ist ein bisschen erleichtert über die Ablenkung und sieht sich den Mann neugierig an. Er ist blond, hat nackenlange Haare, die leicht gewellt sind, und eine Raubvogelnase über üppigen Lippen.

»Das eine oder andere weiß ich.« Der Hüne lächelt bescheiden. »Ich spiele morgen in der Zwischenrunde.«

»Nein, ehrlich?« Jule ist beeindruckt. »Würde es Sie stören, wenn ich Ihnen ein paar Fragen stelle?«

Max, der genau hinter dem Typen steht, verdreht die

Augen, er hat sich den Ausgang ihrer kleinen Kabbelei offensichtlich anders vorgestellt, aber der Polospieler scheint durchaus geschmeichelt. »Fragen Sie ruhig.«

Polo-Grundregeln

Das Spielfeld ist mit Gras bewachsen und 274 Meter (300 Yards) mal 183 Meter (200 Yards) groß, das entspricht etwa vier Fußballfeldern. Die Tore bestehen aus flexiblen Weidenrohrpfosten, sind 7,32 Meter breit und nach oben offen. Je vier Reiter bilden ein Team und versuchen, mithilfe eines Schlägers aus dem Galopp einen ca. 100 Gramm schweren Ball möglichst oft ins gegnerische Tor zu schlagen. Es gibt vier Spielabschnitte, sogenannte Chukkas, die jeweils sieben Minuten dauern. Nach jeder Chukka wird nicht nur die Spielrichtung, sondern auch das Pferd gewechselt. Die Spieler dürfen sich gegenseitig abdrängen, aber nicht in die imaginäre Linie zwischen Spieler und Ball hineingaloppieren. Stürzt ein Reiter vom Pferd, wird weitergespielt, verletzt sich ein Pferd, wird das Spiel unterbrochen.

Jule lässt ihren Blick einige Sekunden lang über das Spielfeld gleiten, auf dem es inzwischen hart zur Sache geht. Die Reiter, alle in weißen Hosen, Lederstiefeln und – klar – Poloshirts, balancieren ihre Schläger senkrecht neben dem Oberkörper und können ihn auf diese Weise abwechselnd nach links oder rechts führen. Dabei wird der Arm bis zur Schulter gehoben, Schwung geholt und der Ball genau dann geschlagen, wenn er sich auf Höhe der Vorderbeine des Pferds befindet. Die Zügel hält jeder Reiter in der linken Hand. Das Tempo der Pferde ist atemberaubend und die Polospieler schrecken auch nicht davor zurück, ihre Konkurrenten in vollem Galopp anzurempeln.

»Ist das nicht ziemlich gefährlich?«, will Jule wissen.

»Ist es. Vor allem wenn Sie bedenken, dass die Reiter kaum geschützt sind. Sie tragen nur Knieprotektoren und einen Helm. Das war's aber auch schon.«

»Haben Sie sich schon mal verletzt?«

»Jule, das ist doch jetzt nicht so wichtig«, fällt Max ihr ins Wort, doch Jule bringt ihn mit einer Geste zum Schweigen. Der Polospieler wirft Max einen spöttischen Blick zu, bevor er mit einem charmanten Lächeln, das ausschließlich Jule gilt, antwortet: »Einmal die Nase gebrochen, einmal die Schulter ausgekugelt. Das ist für sechs Jahre Profisport nicht besonders viel.«

»Und wobei ist das passiert?« Jule steht jetzt direkt vor dem Polospieler, sodass sie Max, der immer wütender wird, gar nicht mehr ansehen muss.

»Die Schulter beim Sturz. Und die Nase hat eins mit der Zigarre abbekommen.«

»Zigarre?« Jule ist ratlos.

Gerade ist auf dem Platz ein Satz zu Ende und einer der Spieler trabt mit seinem Pferd dicht an ihnen vorbei. Jules Gesprächspartner hebt grüßend die Hand und weist dann auf das kleine runde Holzstück am Ende des Schlägers. Verschwörerisch lächelt er Jule an. »Manche Dinge heißen eben so, wie sie aussehen. Ist doch praktisch, oder?«

»Mir reicht's. Ich geh mir jetzt ein Bier holen«, erklärt Max störrisch und marschiert in die Richtung eines Getränkestands.

»Ein bisschen unhöflich ist Ihr Begleiter aber schon«, mokiert sich der Polospieler. »Darf ich Ihnen etwas anbieten? Einen Champagner vielleicht?« Er schickt Max einen abschätzigen Blick hinterher.

»Nein, danke schön«, wehrt Jule ab, obwohl sie wenig Lust auf Max' schlechte Laune hat. »Mein Freund ist extra meinetwegen nach Sylt gekommen. Ich sollte mich besser um ihn kümmern.«

»Schade. Aber vielleicht sieht man sich mal wieder. Wir sind heute Abend mit der Mannschaft im Gourmet Eck in Kampen, also falls Sie Lust haben ...«

Er lächelt Jule noch einmal zu und lässt offen, worauf sie Lust haben könnte. Dann geht er mit weit geöffneten Armen auf den Spieler zu, der am Feldrand pausiert. »Hey, Ricardo, ein super Match, das ihr hier abliefert!«

Jule blickt sich um. Wo ist Max? Er wird doch nicht etwa abgehauen sein? Am Bierstand findet sie ihn jedenfalls nicht. Und auch sonst ist er nirgends zu entdecken. Jule sucht eine Weile nach ihm, dann verliert sie die Geduld und macht sich auf den Weg zurück zum Eingang. Kaum hat sie das Areal verlassen, sieht sie Max auch schon außen neben dem Kassenhäuschen am Zaun lehnen.

»Was soll das denn? Ich dachte, wir machen uns hier einen netten Nachmittag. Bist du jetzt beleidigt?«

»Ich bin nicht beleidigt«, schimpft Max. »Aber du bist komplett narrisch. Der Typ wollte nur mit dir anbandeln, hast du das denn nicht gemerkt? Der hat sich gedacht, er redet so lange auf dich ein, bis ich verschwinde und dann ...«

»Den Gefallen hast du ihm ja auch prompt getan!« Jule spürt, wie sie immer wütender auf Max wird, aber dann reißt sie sich zusammen und versucht, das Ganze mit Humor zu nehmen. Sie legt versöhnlich einen Arm um seine Hüfte. »Du bist ja bloß eifersüchtig.«

Doch Max geht nicht darauf ein. »Und du bist naiv«, kontert er. »Sehr sogar.«

Wütend löst er Jules Hand von seiner Hüfte und steuert im Laufschritt ihr Auto an. Er sieht nicht nach links oder rechts, und auch Jule hört zuerst die Bremsen des Autos, bevor sie es sieht. Die Reifen des Taxis quietschen heftig, trotzdem erwischt es Max genau an der Stelle, an der eben noch Jules Hand gelegen hat. Max strauchelt und fällt zu Boden. Jule schreit vor Schreck laut auf und stürzt zu ihm. Im gleichen Augenblick springt der Fahrer aus seinem Taxi und schimpft: »Hey, wir sind hier draußen nicht auf dem Poloplatz. Abdrängen ist im Straßenverkehr immer noch verboten.«

Aufgebracht beugt sich der junge Friese über Max. Jule erkennt ihn schon aus dem Augenwinkel. Es ist Morten. Ausgerechnet, denkt sie, dabei gibt es doch sicher Hunderte von Taxifahrern auf der Insel.

Im nächsten Augenblick sieht Morten auf und entdeckt Jule.

»Was machst du denn hier?«, fragt er perplex.

»Das Gleiche könnte ich dich fragen«, gibt sie zurück und denkt gleichzeitig: Wie kann man nur so unverschämt blaue Augen haben?

Max rappelt sich auf und klopft sich die Jeans ab. »Sorry, meine Schuld. Ich war wütend und hab nicht aufgepasst. Aber es ist alles okay, nichts passiert, mir geht's gut.«

Morten und Jule schweigen. Es gelingt ihnen nicht, die Augen voneinander zu lassen. Max stutzt, und dann begreift er, dass er gerade irgendetwas ganz und gar nicht begreift.

»Dein Freund?«, fragt Morten schließlich.

Jule nickt. Sie weiß, sie sollte jetzt irgendetwas sagen. Aber es fällt ihr nichts ein. Gar nichts.

Morten reißt seinen Blick von Jule los und wendet sich Max zu.

»Ja, du hast recht. Sie kann einen ganz schön wütend machen.«

Ohne eine Antwort abzuwarten, steigt er in sein Taxi, lässt den Motor aufheulen, wendet und braust von dannen. Fast hätte er noch einen zweiten Turniergast umgefahren.

Hering to go und andere Viecher

Hörnum

Die Rückfahrt nach Keitum verläuft schweigend. Max schmollt, was ihm wenig steht. Er sieht aus wie ein bockiger Neunjähriger, findet Jule. Aber was soll sie tun, um die Situation zu erklären? Tastend sagt sie: »Ich habe Morten vor drei Tagen am Strand kennengelernt. Er hat mich aus dem Wasser gezogen, als die Wellen mich schon runtergerissen hatten. Es war ziemlich knapp, glaube ich.«

»Und deswegen meint er jetzt ein Anrecht auf dich zu haben?« Max verzieht sein Gesicht.

»Ich habe ihn am Abend danach zum Essen eingeladen. Als Dank. Wir haben nur ein bisschen geflirtet.«

»Davon wird man aber doch nicht so wütend, oder?«

Jule zuckt die Schultern. Was sie jetzt sagen wird, fällt ihr schwer.

»Vielleicht hat er sich mehr versprochen. Als ich ihm erzählt habe, dass du kommst, war er sauer.«

Bevor Max antworten kann, bremst Jule und steuert eine Parkbucht an. Sie befinden sich am Ortsanfang von

Keitum in der Nähe des Bahnhofs. Bei dem Gedanken an das enge Keitumer Kapitänshaus, in dessen kleinen Räumen sie wegen des trüben Nachmittagslichts die Lampen einschalten müssten, spürt Jule heftige Abwehr. Das Haus ist niedlich, aber nicht für unglückliche Paare geeignet. Was kann sie nur tun, um die Rückkehrt dorthin hinauszuzögern?

»Hast du auch solchen Hunger?«, fragt sie.

Max schweigt und blickt aus dem Fenster. In der Nähe rauscht ein Autozug vorbei.

»Ich habe gelesen, dass es in Tinnum ein tolles Hotel mit einem noch besseren Restaurant gibt. Es hat, glaube ich, sogar einen Stern. Wollen wir da hin?«

»Ohne Reservierung?« Immerhin sieht er sie jetzt an.

»Ich könnte anrufen und fragen, ob sie einen Tisch für den frühen Abend haben.«

»Ist bestimmt zu teuer, so'n Sternerestaurant«, mault Max.

»Ich lade dich ein.«

Der Satz sollte herzlich klingen, hört sich aber irgendwie gezwungen an. Max schlägt mit der flachen Hand auf die Ablage unter der Frontscheibe.

»Mir geht dein Geld auf die Nerven. Und diese Insel auch. Überall Snobs und Bonzen – und nichts kann man sich leisten!«

Jule atmet tief durch. Jetzt wäre der richtige Moment, genau jetzt könnte sie sich von Max trennen. Aber will sie das? Diesmal wäre es endgültig, das weiß sie genau.

»Ich hab eine Idee.« Entschlossen wirft Jule den Motor wieder an und wendet den Wagen. »Wir fahren nach Hörnum, das ist der Ort an der Südspitze der Insel. Da soll es weniger versnobt und noch richtig gemütlich sein, habe ich gelesen.«

Max grummelt etwas Unverständliches, Jule nimmt es als Zustimmung. Und als auf der Strecke dann noch die Wolken Risse bekommen und die Sonne immer häufiger hindurchlugt, bessert sich auch ihre Laune.

»Sag mal, kann es sein, dass das Wetter hier alle Viertelstunde wechselt?« Selbst Max hat inzwischen einen entspannteren Gesichtsausdruck.

»Schon möglich. Liegt an der Lage der Insel, glaube ich. Sie ist so flach und so weit draußen in der Nordsee, dass alle Regenwolken ganz schnell über sie hinwegziehen. Eben noch Sintflut, dann wieder eitel Sonnenschein.«

Und tatsächlich werden die blauen Flecken am Himmel immer größer. Jule bleibt am Straßenrand stehen, obwohl das sicher verboten ist, und öffnet das Verdeck ihres Wagens. Inzwischen sind sie quer über die Insel vorbei an Westerland und durch Rantum gefahren. Vor ihnen liegt ein kilometerlanges Stück schnurgerader Straße, die links und rechts von platten Landstreifen gesäumt wird, hinter denen sich auf der einen Seite das Watt und auf der anderen die Nordsee befinden. Die niedrigen Gräser sind noch nass vom letzten Schauer und glänzen im Sonnenlicht wie frisch lackiert. Der würzige Fahrtwind vertreibt nach und nach die letzten bangen Gedanken und Jule beginnt vergnügt aus voller Kehle zu singen.

»13 Mann auf des toten Mannes Kiste und 'ne Buddel voll Rum ...«

»*Jim Knopf*«, ruft Max gegen den Fahrtwind an, »ich erinnere mich genau.« Und dann stimmt er ein: »13 Mann auf des toten Mannes Kiste ...«

Als beide vom Schreien fast heiser sind, fragt Max: »Gibt's eigentlich einen Leuchtturm in Hörnum? Wenn der Ort direkt an der Südspitze liegt, dann muss der Ausblick doch fantastisch sein. An drei Seiten Meer und sonst nur Dünen und ein bisschen Dorf.«

»Frag doch Michi.« Jule deutet auf ihre Tasche, die auf dem Rücksitz liegt.

»Du und deine Männer«, grummelt Max, aber es hört sich an, als ob gerade die letzten Reste seines Grolls verfliegen würden. Er schnallt sich ab, beugt sich über seinen Sitz nach hinten und sucht nach dem Reiseführer. Nachdem er ihn gefunden hat, ist er schnell in einen der Texte vertieft.

»Kannst du nicht laut lesen?«, beschwert sich Jule. »Ich will auch was lernen.«

»Der Hörnumer Leuchtturm ist fast 100 Jahre alt«, murmelt Max, ohne aus dem Buch aufzusehen. »Und in den ersten 30 davon haben sie den Scheinwerfer mit Petroleumlampen betrieben. Jede Petroleumflasche einzeln hochgeschleppt, das musst du dir erst mal antun.«

»Wenn du so vermeiden kannst, dass die Schiffe gegen die Küste fahren«, gibt Jule zu bedenken.

Aber Max hört ihr gar nicht zu, er ist schon wieder in den Text vertieft. »Und im Zwischengeschoss vom Leuchtturm war früher die Dorfschule. Stell dir mal vor, du sitzt in deiner Klasse und hast die ganze Insel im Blick.«

»Das ist, als würde man in Berlin Kinder im Fernsehturm unterrichten«, überlegt Jule. »Glaubst du, dass sich da überhaupt jemand konzentrieren konnte?«

»Ist wahrscheinlich alles eine Sache der Gewöhnung.«

Max blättert ein paar Seiten weiter und flucht dann leise. »Mist. Die letzte Besichtigung war heute um zwölf Uhr mittags.«

»Dann müssen wir morgen eben wiederkommen.«

Max lacht. »War das ein Heiratsantrag?«

»Ich hab doch nur …« Jule ist verwirrt. Der plötzliche Themenwechsel überfordert sie.

»War Spaß. Man kann in dem Leuchtturm nämlich auch heiraten«, klärt Max sie auf. »Aber nur freitags und montags. Mehr als sieben Gäste dürften wir dann aber nicht mitbringen und auch keine Kinder unter acht Jahren. Haben wir ja auch nicht, oder?« Er wirft Jule einen schelmischen Blick zu.

Jule erinnert sich genau daran, wie sie diesen Blick früher geliebt hat. Jetzt löst er merkwürdigerweise gar nichts in ihr aus. Aber wahrscheinlich ist sie einfach noch ein bisschen verstört vom Stichwort »Heirat«.

Der Hörnumer Leuchtturm

Der rot-weiß geringelte Leuchtturm aus Gusseisen wurde Anfang des 20. Jahrhunderts errichtet und ist seitdem mit seiner Höhe von ca. 50 Metern das weithin sichtbare Wahrzeichen Hörnums. Er weist bis heute den Schiffen den Weg zwischen Sylt und Amrum. Bei guten Wetterverhältnissen ist sein Licht sogar noch aus mehr als 40 Kilometern Entfernung zu sehen.

Wer den Leuchtturm besteigen will (Montag, Mittwoch und Donnerstag zwischen neun und zwölf Uhr zu jeder vollen Stunde), muss sich rechtzeitig anmelden, denn es dürfen nicht mehr als zehn Personen auf einmal hinauf. Kinder unter acht Jahren müssen leider auch unten bleiben.

Reservierung: Tel. 04651 / 962 60

Energisch bemüht sich Jule darum, wieder in harmloses Fahrwasser zu kommen. »Wenn wir nicht auf den Leuchtturm dürfen, gucken wir ihn eben von unten an. Ich bin sowieso nicht schwindelfrei«, erklärt sie. »Was gibt es denn sonst noch Interessantes in Hörnum?«

Max macht ein geheimnisvolles Gesicht. »Wart's ab. Ich zeig's dir, wenn wir am Hafen sind.«

Jetzt liegt auch schon der Ortseingang vor ihnen. Hörnum ist klein, schnell sind sie im Zentrum. Hier stoßen mehrere Straßen aufeinander, es gibt einen großen Supermarkt und einige andere Geschäfte – und zum Glück wird auch gerade ein Parkplatz frei. Zu Fuß schlendern Max und Jule hinunter zum Hafen. Ähnlich wie in List sind längs der Mole Souvenir- und Gastronomiebuden aufgebaut, aber die Atmosphäre ist weniger rummelig, sondern bescheidener und intimer, fast schon ein bisschen verschlafen.

»Jetzt habe ich Lust auf ein richtig dickes Heringsbrötchen«, erklärt Jule und steuert eine der Imbissbuden an. Neben der Preisliste hängt ein Schild mit der Aufschrift »Heringe für Willi, drei Stück 1 Euro«.

»Wer ist denn Willi?«, fragt Jule den Imbissverkäufer.

Der schüttelt nur den Kopf über so viel Unwissen und deutet hinüber zur Mole, wo ein Pulk Kinder angespannt ins Hafenwasser starrt. »Die meisten kommen wegen Willi her«, erklärt er, und als Jule ihn immer noch fragend ansieht, fährt er fort: »Sie kennen Willi nicht? Eigentlich müsste er Wilhelmine heißen, aber er hatte seinen Namen schneller weg, als man das Geschlecht bestimmen konnte.«

»Sie wollen mich veräppeln.« Jule glaubt dem Mann kein Wort.

»Nö, gar nicht. Das ist kein *Schnack.* Willi ist eine Kegelrobbe und als Winzling an den Hörnumer Strand gespült worden. Fischer haben sie gefunden und ihr geholfen zu überleben. Und seit Jahren lebt das Viech jetzt schon bei uns im Hafenbecken.«

Ein plötzliches Johlen und Kreischen der Kinder unterbricht den Heringsverkäufer. Max kauft schnell eine Tüte mit Heringen und drückt sie Jule in die Hand.

»Komm mit, das müssen wir uns ansehen. Dein Fischbrötchen kriegst du später.«

»Oh, ist die süß«, ruft Jule schon nach dem ersten Blick ins Wasser. Aus den kugelrunden Augen des Tieres blitzt der Schalk, mit geschickten Bewegungen und blitzschnellen Wendungen schnappt die Robbe nach den Heringen, die die Kindern ihr zuwerfen. Jeder Fang wird mit Applaus bejubelt. Nachdem auch Jule ihre drei Heringe an Willi verfüttert hat, zieht es sie zurück zur Fischbude.

Jule und Max lassen sich vier von den prall gefüllten Brötchen einpacken. »Eigentlich wäre es schön, wenn wir die am Strand essen könnten«, überlegt Jule. Am Himmel ist mittlerweile kaum noch ein Wölkchen zu sehen. »Können Sie uns vielleicht sagen, wie wir da hinkommen?«

Der Friese zeigt nach Süden. »Laufen ist am besten. Parkplätze gibt's an der Odde nämlich nicht. Geht einfach immer der Sonne nach, erst durch den Ort, dann durch die Dünen. Dauert nicht länger als 20 Minuten und ist 'n schöner Spaziergang.«

»Danke«, ruft Jule und wendet sich in die angegebene Richtung.

»Wollten wir nicht eigentlich zum Leuchtturm?«, fragt Max, als er sie eingeholt hat.

»Lieber zum Strand. Du wirst sehen, die Nordsee ist traumhaft.«

»Aber wir haben doch gar keine Badesachen dabei.«

»Ich glaube, hier auf der Insel nehmen sie's mit den

Regeln nicht so genau. Vielleicht finden wir ein einsames Eckchen und ...«

Jule bricht ab. Ihr Badeabenteuer am Lister Ellenbogen fällt ihr ein. Die tückischen Wellen, deren Kraft sie unterschätzt hat. Mortens kräftige Arme, die sie aus dem Wasser gezogen haben. Nein, noch einmal will sie dieses Risiko nicht eingehen.

»Wir müssen ja nicht ins Wasser«, korrigiert sie sich. »Aber im Sand sitzen und aufs Meer schauen würde ich schon gern.«

Max verzichtet auf jede Antwort. Vielleicht denkt auch er an Morten und dessen Rettungsaktion. Schweigend laufen die beiden auf die Hörnumer Odde zu.

Bald stehen die Häuser weiter auseinander, einige sind fast in die Dünen gebaut, und das Tosen der Brandung ist auch schon zu hören. Jule und Max ziehen Schuhe und Strümpfe aus und durchqueren barfuß die letzte Dünenkette. Einzelne Halme des Strandhafers pieken unter ihren Füßen, aber der helle, feine Sand ist weich und warm, nur der Wind wird immer stärker. Die Luft riecht nach Salz und Jod und ein sanfter Nebel, der über der ganzen Landzunge liegt, lässt die Umrisse der Dünen verschwimmen.

Als endlich die Nordsee zu sehen ist, jubelt Jule und rennt mit weit ausgebreiteten Armen hinunter zum Wasser. Zum Glück ist der Seegang so heftig, dass sich der Gedanke an ein Bad von selbst verbietet. Weiße Gischtkronen taumeln auf den Wellenkämmen, werden immer wieder vom Wind abgetragen durch die Luft gewirbelt. Die Brandung überrollt den Strand in gleichmäßigem Rhythmus. Es sieht aus, als wollte das Meer den Sand mit sich nehmen.

Die Hörnumer Odde

Der südlichste Zipfel der Insel Sylt ist eine windumtoste und wellengepeitschte Dünenlandschaft mit breiten, ursprünglichen Stränden, die sich von Westen, also von der Nordseeseite, über den südlichen Rand der Insel, von wo aus an klaren Tagen die Inseln Föhr und Amrum sichtbar sind, bis zu den ruhigeren Gebieten im Osten erstrecken und dort ins Wattenmeer übergehen. Die Odde steht seit 1972 unter Naturschutz. Wie der gesamte Weststrand Sylts ist auch die Hörnumer Odde stark von Erosion und Sandverlust betroffen. Im besonders stürmischen Winter 2004/2005 verlor das Gebiet etwa 20 Meter Sandstrand. Auch hier wird regelmäßig aufgespült.

Wenn das Wasser immer so am Strand nagen und niemand etwas tun würde, wäre die Südspitze der Insel bald weg, denkt sich Jule, während sie allein durch das schäumende Wasser watet.

Max ist langsamer nachgekommen und lässt sich in den Sand unterhalb der letzten Düne fallen. Sofort beginnt er, sein Fischbrötchen auszupacken. Für das Naturspektakel scheint er wenig Interesse zu haben, stellt Jule fest, als sie zu ihm zurückkehrt. Wieder muss sie an Morten denken. Wie gern würde sie jetzt mit ihm hier im Wind stehen und den Wellen zusehen. Aber sie hat sich schließlich anders entschieden.

Jule setzt sich neben Max. Zum Glück ist der Wind so stark, dass der ihr leises Seufzen unmöglich hören kann.

Als Max ihr ein Brötchen reicht, fliegen ihr immer wieder die Haare ins Gesicht, sodass sie kaum hineinbeißen kann. Nach mehreren vergeblichen Versuchen gibt sie auf.

»Hier, halt noch mal, ich binde mir nur schnell die Haare zurück.«

Jule sucht in ihrer Tasche nach einem Haargummi. Plötzlich stößt eine Möwe zu ihnen herab. Jule kreischt und auch Max bekommt einen gewaltigen Schreck. Aus der Nähe ist so ein Tier ganz schön groß. Bevor Max reagieren kann, hat der Vogel den Hering aus Jules Brötchen gepickt und fliegt mit seiner Beute durch die gischtgeschwängerte Luft davon.

»Hey, das ist unfair«, ruft Jule der Möwe hinterher. »Du kannst dir die Fische schließlich auch aus dem Wasser holen. Ich muss jetzt wieder 20 Minuten laufen, um ein neues Brötchen zu kaufen.«

»Hier, eins haben wir ja noch für dich. Die anderen beiden hab ich leider schon verputzt«, gesteht Max mit schuldbewusstem Gesicht.

Jule nimmt ihm das letzte Brötchen aus der Hand, beißt hinein und stellt sich noch einmal heimlich vor, wie es wäre, wenn jetzt Morten an ihrer Seite säße. Ihn hätte die Möwe bestimmt nicht überfallen, überlegt Jule, auch wenn sie weiß, dass das eigentlich ein unsinniger Gedanke ist.

Fossilien und Enzian

Das Morsum-Kliff

Auch auf der Rückfahrt von Hörnum nach Keitum verlässt Jule die Erinnerung an Morten nicht. Da Max ständig auf sein Handy guckt und überhaupt bis in den Abend hinein überraschend schweigsam ist, gelingt es den unpassenden Gedanken leider, sich so richtig in Jules Kopf festzusetzen.

Noch in Hörnum haben Jule und Max Tiefkühlpizza gekauft, die sie in der Küche des Kapitänshauses in den Ofen schieben. Als Jule zum Essen eine Flasche Wein öffnen will, mault Max, dass ihm Bier lieber wäre.

»Warum hast du das nicht beim Einkaufen gesagt?«, fragt Jule genervt.

»Du weißt doch genau, dass ich gern Bier trinke. Außerdem ist heute Abend Fußball im Fernsehen. Ich hoffe, das kriegen wir hier überhaupt rein, schließlich sind wir fast in Dänemark.«

Ohne auf eine Antwort zu warten, beginnt Max, an der Fernbedienung herumzufingern. Als die ersten Spieler auf dem Rasen erscheinen, verlässt Jule den Raum. Sie hat nicht den Eindruck, dass Max davon überhaupt Notiz nimmt. Dafür ist sie fast schon eingeschlafen, als er zu ihr in das Doppelbett steigt. Aber eben nur fast, doch das muss Max ja nicht unbedingt wissen. Obwohl sie spürt, wie Max sie im Dunkeln ansieht, hält Jule die Augen geschlossen und bemüht sich darum, tief und gleichmäßig zu atmen.

Am nächsten Morgen spiegelt das Wetter Jules und Max' Stimmung ziemlich genau wider. Es ist bedeckt und ab und an geht ein feiner Nieselschauer nieder. Durch die ohnehin kleinen Fenster des Kapitänshauses fällt kaum Licht.

»Ich muss hier raus«, verkündet Jule gleich nach dem Frühstück.

»Wo willst du denn hin? Draußen geht gerade die Welt unter«, mault Max und spielt mit seinem Handy herum.

»Sag mal, erwartest du einen Anruf?«

»Nicht direkt. Wollte nur mal nachsehen, was so läuft.«

»Du musst es ja nur noch einen Tag hier mit mir aushalten«, antwortet Jule giftig, bemüht sich aber gleich darauf um einen versöhnlicheren Tonfall. »Was hältst du davon, wenn wir einen Ausflug in die Urzeit machen? Gestern als du Fußball gesehen hast, habe ich mich ein bisschen schlau gemacht. Hier gibt's Klippen, die sind zehn Millionen Jahre alt!«

»Aus der Steinzeit? Gibt's da auch Neandertaler oder Dinosaurierknochen?«

Jule schüttelt den Kopf. »Du hast im Geschichtsunterricht nicht aufgepasst. Die Steinzeit begann vor weniger als drei Millionen Jahren. Was wir uns ansehen könnten, ist mehr als dreimal so alt.«

»Also keine Dinosaurierknochen.« Max klingt enttäuscht.

»Aber ein beeindruckendes Naturerlebnis, jedenfalls wenn man Michi glauben will.«

Jule schiebt den Reiseführer zu Max herüber.

»Und ich dachte schon, du meinst den anderen«, murmelt Max mit gehässiger Stimme.

»Morten?«

»Ist das der Taxifahrer?«

»Ist er. Aber an den denke ich doch längst nicht mehr.« Jule fühlt, wie ihr die Röte in die Wangen schießt. Zum Glück checkt Max gerade wieder sein Handy. »Also, was ist jetzt? Kommst du mit?«

»Bevor mir hier die Decke auf den Kopf fällt ...«

»Weit hätte sie es nicht«, stellt Jule mit einem prüfenden Blick auf die gerade mal 20 Zentimeter fest, die Max' Kopf von den Deckenbalken trennen.

Eine halbe Stunde später parkt Jule das Auto auf einem riesigen Schotterplatz mitten in einer einsamen Heidelandschaft am östlichen Rand der Insel.

»Da hinten muss irgendwo das Morsum-Kliff ins Wattenmeer ragen«, sagt Jule und steigt aus dem Wagen.

Außer Max und ihr ist keine Menschenseele zu sehen, der Parkplatz ist bis auf ihr Auto völlig leer. Nur die Schreie etlicher Vögel hallen durch die Luft und verkünden, wem diese Landschaft wirklich gehört.

»Bei schönem Wetter muss es hier viel voller sein«, mutmaßt Jule mit Blick auf die weite Schotterfläche.

»Bei schlechtem Wetter kommen dafür nur solche Idioten wie wir hierher«, mault Max.

Obwohl der Ausflug Jules Idee war, gibt sie ihm innerlich recht. Es ist wirklich ungemütlich. Ein eisiger Wind drückt die Gräser und Pflanzen nieder, das Watt, das grau hinter der weiten Hochebene liegt, scheint aus lauter Quirlen und Blasen zu bestehen. Und der plötzlich einsetzende Regen dringt durch ihre Kleidung und hängt wie ein Schleier vor ihrem Blick.

»Besonders spektakulär scheint das hier aber nicht zu sein.« Max schaut sich skeptisch um.

»Wart's ab.«

Energisch marschiert Jule auf den Abbruchrand der Klippe zu. Ein schmaler Pfad führt durch strauchige Pflanzen und Strandhafer. Jule muss ihren ganzen Körper gegen den Wind stemmen, um überhaupt vorwärtszukommen. Den Blick hält sie gesenkt, um wenigstens die Augen vor dem Regen zu schützen. Plötzlich bleibt Jule abrupt stehen.

»Schau mal, da unten. Die blaue Blume. Die sieht irgendwie anders aus als das, was sonst hier wächst. Fast wie Enzian.«

Sie bückt sich zu einem unscheinbaren Gewächs, das zwischen Heide und Gräsern fast verborgen ist. Jetzt ist auch Max' Neugier geweckt. Ihm genügt ein einziger Blick auf die längliche Knospe, um die Alpenpflanze zu erkennen.

»Du hast recht«, gibt er verblüfft zu. »Enzian. Ich dachte, das gäb's nur bei uns.«

Uralte Steine: Das Morsum-Kliff

Das Morsum-Kliff steht seit 1923 unter Naturschutz. Seine geologisch einmalige Formation entstand während der Saale-Kaltzeit vor rund 180.000 Jahren. Manche Gesteinsschichten sind jedoch über zehn Millionen Jahren alt.

Das Kliff ist 1.800 Meter lang und an manchen Stellen über 20 Meter hoch. Anders als in anderen eiszeitlichen Überresten ist hier die Schichtung des Gesteins sichtbar, sodass die Entstehung des Kliffs deutlich nachvollzogen werden kann.

Außerdem erlauben vielfältige Fossilienfunde relativ genaue Aussagen über die Tier- und Pflanzenwelt der Urzeit und die damaligen klimatischen Bedingungen, die – man kann es kaum glauben – der marokkanischen Atlantikküste geglichen haben müssen. Heute wachsen etliche unter Naturschutz stehende Pflanzen am Morsum-Kliff, zum Beispiel seltene Sorten der Glockenheide, eine Orchideenart und vereinzelt sogar Lungen-Enzian.

»Ihr Bayern seid vielleicht doch nicht so einzigartig, wie ihr immer denkt«, gibt Jule spitz zurück.

»Bei uns blüht der Enzian aber – und hier nicht. Die Blüten öffnen sich nämlich nur bei Sonnenschein.« Max guckt triumphierend.

»Du hast ja recht«, murmelt Jule, auch wenn sie es eigentlich nicht will. Aber sie will sich auch nicht schon wieder streiten. »Guck mal, immerhin lässt der Regen nach. Dann können wir uns ja ganz nach vorn an die Kliffkante wagen.«

Max nickt unkonzentriert, während Jule ein paar Schritte geht, und zieht schon wieder sein Handy aus der Tasche. Als sie sich umwendet, sieht sie, wie sich Max' Miene aufhellt. Beiläufig beginnt er, einige Tasten zu drücken.

Jetzt reicht es Jule endgültig! Mit einer schnellen Bewegung reißt sie das Handy aus seiner Hand und rennt damit bis zur Abbruchkante des Kliffs. Dort bleibt sie stehen und sieht auf das Display, das eine geöffnete SMS zeigt.

»Liebster Max«, liest Jule und traut ihren Augen kaum, »es tut mir alles so furchtbar leid. Kannst du mir noch mal verzeihen, ich hab solche Sehnsucht nach dir!!! In Liebe, Helene«.

Wütend sieht Jule vom Handy auf. Direkt vor ihr fällt das Kliff steil ab. Es wären nur zwei Schritte und sie würde die Balance verlieren, ins Leere fallen, vorbei an zehn Millionen Jahre alten Steinen. Vielleicht würde sie sogar weich im Sand landen, wahrscheinlicher ist es aber, dass sie unsanft unten aufschlagen würde, sich Arme und Beine brechen würde oder Schlimmeres. Immerhin müsste sie nie mehr mit Max reden, sich nicht seine dämlichen Ausreden anhören und sich vor allem nicht für ihre eigene Gutgläubigkeit schämen. Sie hatte doch tatsächlich angenommen, er wäre aus Liebe zu ihr nach Sylt gefahren. Wie konnte sie nur so naiv sein? In Wirklichkeit war es wohl eher so, dass die zickige Helene ihm den Laufpass gegeben hat und Max ebenso wie sie selbst aus Liebeskummer nach Sylt geflohen ist – ausgerechnet in ihre Arme.

Schwungvoll dreht sich Jule zu Max um und sieht ihm mit Verachtung im Blick entgegen.

»Gib mir mein Handy wieder«, sagt Max, als wäre nichts geschehen. Er sieht noch nicht einmal schuldbewusst aus, steht nur da und lässt die Arme baumeln.

Wenn er richtig wütend auf mich wäre, denkt sich Jule, dann würde er mich jetzt hinunterstoßen. Doch nicht den kleinsten Schubs ist sie ihm wert. In einem plötzlichen Impuls holt Jule weit aus und schleudert das verdammte Handy über die Klippe. Es fliegt in einem hohen Bogen durch den Sprühregen und landet tief unter ihr im Sand.

»Sagt mal, spinnst du jetzt total?«, schimpft Max. Er dreht sich auf dem Absatz um und sucht nach einem Pfad, der zur Wattkante hinunterführt.

»Viel Spaß beim Abstieg«, ruft ihm Jule hinterher. Dann läuft sie, so schnell sie kann, zurück zum Auto. Soll der blöde Max doch selbst sehen, wie er aus dieser Einöde wieder zurück nach Keitum kommt.

Eisboot und Meermann

Morsum

Auf dem Rückweg verfährt sich Jule dreimal, zweimal muss sie an einem beschrankten Bahnübergang auf den durchfahrenden Zug warten. Beim zweiten Mal stellt sie sich vor, wie es wäre, im letzten Moment auszusteigen, unter der Schranke hindurchzuschlüpfen und sich quer auf die Gleise zu legen. Die Vorstellung ist so grauenhaft, dass es Jule gleich ein wenig besser geht – jedenfalls für die nächsten zehn Minuten. Dann stellt sie fest, dass sie schon wieder die falsche Richtung erwischt hat. Denn die fünf Männerfiguren in blaugestreiften Friesenhemden, die am Ortseingang von Morsum in einem flachen Ruderboot stehen, kennt sie schon.

Das Eisboot von Morsum

Vor dem Bau des Hindenburgdamms war die kleine Ortschaft Morsum in harten, schneereichen Wintern regelmäßig vom Festland abgeschnitten, weil die üblichen Fähren nicht verkehrten. Um Lebensmittel, aber auch Arznei und Briefe nach Morsum zu schaffen, machten sich dann fünf Fischer auf und fuhren mit ihrem Eisboot übers Watt. Das war ein besonders stabiles, offenes Boot mit dem man nicht nur rudern und segeln, sondern das man auch übers Eis schieben konnte. Dafür hatte es Schlittenkufen zu beiden Seiten.

Die Passage war eine ausgesprochen kräftezehrende Angelegenheit, denn immer wieder mussten Eisschollen umschifft, das Boot sogar manchmal über größere Eisflächen geschleppt werden. Häufig verhinderte aufziehender Nebel zusätzlich die Orientierung und gelegentlich brachen Boot und Besatzung auch im Eis ein.

Seit 1996 erinnert das historische Boot am Morsumer Ortseingang an die damaligen Helden. Die fünf Männerfiguren werden je nach Jahreszeit von den Morsumer Kulturfreunden liebevoll eingekleidet. Im Sommer tragen sie Fischerhemden, im Winter gelbe Regenjacken (den sogenannten Friesennerz) und graue Schirmmützen.

Auch die Morsumer Kirche, die behäbig und weiß inmitten gepflegter Gräber steht, hat Jule vorhin schon gesehen. Sie weiß, dass Michi dringend zur Besichtigung rät, und eigentlich hatte sie Max die Kirche auch unbedingt zeigen wollen, aber jetzt will sie nur noch eines: schnellstens zurück nach Keitum. Jule fährt kurzerhand zum Morsumer Bahnhof, um nach dem Weg zu fragen.

Als sie den kleinen Laden links vom Eingang entdeckt, vergisst sie für ein paar Minuten sogar ihren Kummer. Zu verführerisch durften die handgemachten Seifen aus Zutaten von der Insel, zu verlockend ist alles dekoriert. Und die nette Besitzerin erklärt Jule gern, wie sie auf dem einfachsten Weg zurück nach Keitum kommt.

Sylter Naturprodukte

Sylter Seifen Manufaktur

In dem putzig-kleinen Laden am Morsumer Bahnhof bietet die gebürtige Sylterin Kirsten Deppe ihre handgemachten Seifen in allen Formen und Farben an. Sie werden aus Rohstoffen von der Insel gefertigt und tragen ihre Zutaten schon im Namen. Zwischen Sylter Heckenrose, Rapsody, Honig-Lavendel und Schokolade kann die Wahl ziemlich schwerfallen.

Bi Miiren 11, Morsum
www.sylter-seifen.de

Fleisch vom Galloway-Rind

Die Tiere sehen nicht nur niedlich aus, sondern schmecken auch vorzüglich. Der direkte Hofverkauf auf dem Sylt-Gut befindet sich an der Sylter Koogstraße in Keitum. Der Fleischermeister ist gleichzeitig gelernter Koch und kann seine Kunden daher doppelt gut beraten.

Ingewai 21, Keitum
Tel. 04651 / 301 72
www.naturprodukte-sylt.de

Sylter Schokoladenmanufaktur

Produziert wird seit 2006 in Tinnum, wo man auch einkaufen, die Produktionshalle besichtigen und die Produkte probieren kann. Wem das zu abgelegen ist, der schaut in der Strandstraße 13 in Westerland im Café Wien vorbei. Bereits seit den

1960er-Jahren lässt es sich in diesem reizenden Kaffeehaus mitten in der Fußgängerzone in aller Ruhe schlemmen.

Auf der ausgesprochen appetitanregenden Website berichten die Gründer aus ihrer Familiengeschichte und verraten amüsante Anekdoten. Außerdem werden natürlich die neuesten Köstlichkeiten und Kuriositäten vorgestellt.

Zum Fliegerhorst 15, Tinnum
Tel. 04651 / 299 15 01
www.cafe-wien-sylt.de

Teekontor Keitum

In dem Keitumer Ladengeschäft kann der Kunde aus unzähligen Teesorten wählen und die passenden süßen oder pikanten Leckereien gleich dazu erwerben. Über Internet ist eine Bestellung des Lieblingstees auch nach dem Sylt-Urlaub jederzeit möglich.

Siidik 15, Keitum
Tel. 04651 / 889 11 94
www.teekontorkeitum.com

Dittmeyer's Austern-Compagnie

Seit 1986 kann man bei Austernmeyer in List die Sylter Royal probieren und sich dabei die Nordseeluft um die Nase wehen lassen: Wenn man möchte, sitzt man in gemütlichen Strandkörben draußen und bestellt je nach Gusto Austern natur oder im Speckmantel gebraten, gratiniert mit Kräuterbutter oder im Gemüsebett.

Hafenstraße 10–12, List
Tel. 04651 / 87 08 60
www.sylter-royal.de

Als Jule eine halbe Stunde später mit etlichen Seifenstückchen im Gepäck vor dem gemieteten Kapitänshaus parkt, steht Max bereits vor der Tür und wartet auf sie. Schon falsch, korrigiert sie sich sofort. Er wartet keineswegs auf mich, sondern lediglich auf den Schlüssel für die Eingangstür, der in meiner Tasche ist. Es kostet Jule Mühe, den Fluchtimpuls zu unterdrücken. Während sie noch einmal tief durchatmet, mustert Max ihr kleines rotes Auto mit unbeteiligter Miene. Der hat's leicht, cool zu sein, denkt Jule, schließlich wird er geliebt und erwartet. Und wer erwartet mich? Niemand!

Schwerfällig steigt sie aus ihrem Wagen. Die paar Schritte bis zur Eingangstür kommen ihr vor wie Kilometer. Immerhin schafft sie es, Max nicht in die Augen zu blicken.

»Wie's ausschaut, war der Taxifahrer erheblich fixer als du.« Max' Stimme klingt triumphierend.

»Nimm dein Zeug und verschwinde«, zischt Jule, während sie die Tür aufsperrt.

Max antwortet noch nicht einmal, sondern sprintet gleich die Treppe hinauf, wo unter dem Spitzboden Schlaf- und Badezimmer liegen und seine Klamotten wild verstreut auf dem Fußboden.

Jule setzt sich in die Küche. Sie lässt ihren Blick über die schönen, blau gemusterten Fliesen wandern. Buddhas sind darauf. Und Fische. Und Schmetterlinge. Seltsame Mischung, denkt Jule und horcht nach oben. Endlich hört sie das scharfe Zischen eines Reißverschlusses, der geschlossen wird, dann Schritte. Habt ihr so etwas schon einmal gesehen?, fragt Jule die Fliesen hinter der Spüle in Gedanken und meint ihren eigenen Anblick. Sicher sieht sie aus wie das sprichwörtliche Häufchen Elend. Die Fliesen schweigen. Also nein. Keine tröstliche Auskunft.

Immerhin sind die Fliesen schon über 100 Jahre alt und vermutlich von weit her auf die Nordseeinsel gereist. Jule stellt sich eine Kapitänsfrau vor, die Anfang des letzten Jahrhunderts jeden Abend hier gesessen und ihren Tee getrunken hat. Wochen-, vielleicht sogar monatelang musste sie auf die Rückkehr ihres Liebsten warten. Aber vielleicht konnte sie wenigstens davon ausgehen, dass ihr Ehemann auch an sie denkt. Selbst in der Ferne.

Vielleicht ist sie aber auch mitgereist, so wie die Ehefrau des Rantumer Kapitäns, von der Jule vor einigen Tagen im Reiseführer gelesen hat. Undeutlich erinnert sie sich an die Sylter Sage vom rachsüchtigen Meermann Ekke Nekkepenn, der unbedingt ein Menschenmädchen freien wollte. Immerhin ist er auch abgeblitzt. Wie Jule. Na toll.

Der Meermann Ekke Nekkepenn

Ekke Nekkepenn ist eine Sylter Sagengestalt. Die bekannteste Version der Geschichte des Meermanns erzählte der Volkskundler Christian Peter Hansen 1858 in seinem Buch *Friesische Sagen und Erzählungen.*

Der Meermann Ekke Nekkepenn und seine Frau Rahn leben auf dem Meeresgrund. Während eines schweren Sturmes bittet sie der Kapitän eines Schiffes auf dem Weg nach England um Hilfe, denn seine mitreisende Frau steht kurz vor der Entbindung. Der Meermann holt die Kapitänsfrau zu sich hinunter auf den Meeresgrund, wo sie ein gesundes Kind gebiert. Zusätzlich wird sie von Rahn reich beschenkt. Als die Kapitänsfrau mit ihrer Tochter und den Preziosen wieder auf dem Schiff ihres Mannes ankommt, legt sich auch der Sturm. Das Kapitänsehepaar erreicht erst England und dann die Insel Sylt wohlbehalten. Das gemeinsame Kind wächst in Rantum auf.

Ekke Nekkepenn denkt lange nicht an diesen Vorfall, doch als seine eigene Frau Rahn alt und hässlich geworden ist, beschließt er, um die schöne Kapitänsfrau zu werben, der er einst geholfen hat. Er überredet Rahn, auf dem Meeresgrund Salz zu mahlen, damit das Schiff des Rantumer Kapitäns, das gerade wieder auf dem Weg nach England ist, in dem entstehenden Strudel untergeht. Der Plan gelingt, Kapitän und Besatzung kommen um.

Als Ekke Nekkepenn sich in der Gestalt eines gutaussehenden Seemanns auf den Weg zur Witwe machen will, begegnet er am Rantumer Strand zufällig Inge, ihrer Tochter, der seine Frau Rahn einst auf die Welt geholfen hat. Er schenkt ihr Schmuck, doch sie sträubt sich. Schließlich will er sie gegen ihren Willen zu seiner Verlobten machen. Inge beginnt zu weinen und bittet ihn, sie freizugeben, aber er weigert sich. Endlich lässt er sich eine Bedingung abhandeln. Wenn Inge innerhalb von 24 Stunden seinen Namen zu nennen wisse, dann gebe er sie frei. Doch alle, die Inge fragt, müssen sie enttäuschen. Den Namen des geheimnisvollen Seemanns kennt niemand.

Traurig begibt sich Inge am nächsten Abend zum Strand. Da hört sie von der Südspitze der Insel eine Stimme herüberhallen. Fröhlich singt der Meermann: »Heute soll ich brauen, morgen soll ich backen, übermorgen will ich Hochzeit machen. Ich heiße Ekke Nekkepenn, meine Braut ist Inge von Rantum – und das weiß niemand als ich ganz allein.«

Als Inge und Ekke Nekkepenn wenig später aufeinandertreffen, sagt sie entschieden: »Du heißt Ekke Nekkepenn und ich bleib Inge von Rantum.«

Seit dieser Zeit ist der Meermann nicht gut auf die Sylter zu sprechen und rächt sich an den Seeleuten mit furchtbaren Stürmen und an der Insel mit schlimmen Fluten, die immer wieder an der Sylter Küste nagen.

»Was schaust' denn so verträumt?« Max steht plötzlich in der winzigen Diele und steckt den Kopf zur Tür herein. An seiner rechten Hand schlenkert die Reisetasche. Er sieht viel zu fröhlich, geradezu unternehmungslustig aus.

»An dich hab ich bestimmt nicht gedacht«, faucht Jule. »Hast du alles?«

»Ich denke schon. Also, pfüati. Man sieht sich.« Kurz hebt er noch die Hand, dann fällt die Tür ins Schloss.

»Arschloch«, ruft Jule ihm hinterher, aber wahrscheinlich zu leise. Dann beginnt sie zu heulen. Als sie damit aufhört, weil einfach keine Tränen mehr kommen wollen, ist es draußen schon dunkel. Jule putzt sich die Nase und sucht im Kühlschrank nach dem Wein von gestern Abend. Sie findet anderthalb Flaschen und beschließt, sich gezielt zu betrinken.

Kurz vor Mitternacht ist die letzte Flasche erst halbleer, Jule aber schon ziemlich voll. Eigentlich würde sie jetzt gern noch einmal ein bisschen weinen, aber dafür ist sie zu müde. Und zu betrunken. Auf allen vieren klettert sie die steile Stiege nach oben und lässt sich auf das breite Bett fallen. Es riecht nach Max. Vielleicht wird Jule deshalb plötzlich so schlecht. Sie schafft es gerade noch ins Bad und übergibt sich in die Kloschüssel. Danach geht es ihr besser. Körperlich jedenfalls.

Quallen und Selbstmorde

Ostwindwetter

Am nächsten Vormittag wacht Jule mit dröhnendem Schädel auf. Draußen ist es trüb, aber wenigstens regnet es nicht. Jule schleppt sich in ein kleines Café und wundert sich darüber, wie warm, ja, geradezu schwül es geworden ist. Sie setzt sich in eine abgelegene Ecke des Gartens und bestellt einen doppelten Espresso, mit dem sie zwei Kopfschmerztabletten hinunterspült. Während sie sehnsüchtig darauf wartet, dass die Wirkung einsetzt, zählt Jule ihr Geld. 4.660 Euro sind noch übrig, dabei hat Jule die neun Euro, die sie die beiden Espresso hier kosten werden, schon abgerechnet. Aber wo ist das restliche Geld geblieben?

Jule zwingt sich, die zwei Tage mit Max noch einmal Revue passieren zu lassen. Das Konzert in der Keitumer Dorfkirche, das Luxusfrühstück, der Ausflug zum Poloturnier, der Abstecher nach Hörnum und der wirklich nicht üppige Supermarkteinkauf sind tatsächlich mit 200 Euro zu Buche geschlagen. Davon lebt Jule in Berlin ganze zwei Wochen.

Vielleicht sollte sie einfach zurückfahren.

Doch allein der Gedanke daran, in der gleichen Stadt wie Max und seine verdammte Helene zu sein, treibt den Kopfschmerzpegel deutlich in die Höhe. Die Kellnerin, die gerade nichts zu tun hat und in Jules Nähe heimlich eine Zigarette raucht, sieht Jules schmerzverzerrtes Gesicht und die Geste, mit der sie sich an die Stirn greift. Sie kommt ein bisschen näher und sagt mitfühlend: »Ostwindwetter«, als würde das irgendetwas erklären.

»Ich glaube eher, das ist ein Kater.« Jule riskiert ein schiefes Lächeln.

»Trotzdem«, beharrt die Kellnerin, »bei Westwind würden Sie sich besser fühlen. Der macht den Kopf frei und sorgt für gutes Klima. Wenn der Wind aber von Osten kommt, dann ist es oft drückend heiß auf der Insel, die Gäste haben Migräne und schlechte Laune. Und in der Nordsee kann man dann auch nicht baden.«

»Warum denn nicht?«, will Jule wissen.

»Wegen der Quallen. Manchmal ist der ganze Strand übersät. Das ist nicht nur eklig, sondern tut auch weh, jedenfalls wenn man eine der Feuerquallen berührt.«

»Da bin ich hier am Watt ja ganz richtig aufgehoben«, murmelt Jule. »Dabei wollte ich eigentlich heute auf die Westseite umziehen – möglichst nah ans Meer.«

Jule schaut auf ihre Uhr. In einer Stunde muss sie das Friesenhaus verlassen haben, so ist es abgemacht.

Die Kellnerin lächelt verhalten und fragt: »Liebeskummer?«

»Warum sieht man einem das immer an?«, will Jule wissen.

»Junge Frauen sitzen in der Regel nicht allein beim Frühstück. Jedenfalls nicht im Urlaub, oder?«

»Stimmt. Eigentlich waren wir zu zweit. Aber ich hab den Kerl gestern rausgeschmissen.«

Jule spürt, wie ihr schon wieder die Tränen in die Augen steigen.

»Oje – und das bei dem Wetter«, seufzt die Kellnerin. »Ostwind ist echt nichts für Unglückliche. Das Klima drückt noch zusätzlich auf die Stimmung. Die Selbstmordrate ist dann besonders hoch und der Ansturm bei Beratungsstellen und Pastoren übrigens auch.«

»Na toll!« Jule steht auf. »Letztes Wochenende bin ich am Ellenbogen sowieso fast ertrunken. Vielleicht klappt es ja beim zweiten Versuch.«

»Nichts gegen Ihren Galgenhumor.« Die Kellnerin lacht jetzt. »Nur gibt es bei Ostwind zwar viele Quallen, aber dafür keine Wellen. Da ist das Baden sogar am Ellenbogen nicht so gefährlich wie sonst.«

»Das habt ihr ja super hingekriegt hier auf der Insel«, mault Jule. »Ausgerechnet wenn die Depressiven so richtig schön unglücklich sind, wird die Nordsee handzahm.«

»So habe ich das noch nie gesehen, aber eigentlich haben Sie recht. Wird der liebe Gott wohl nicht umsonst so eingerichtet haben. Alles Gute Ihnen!«

Mit diesen Worten verabschiedet sich die Kellnerin, um eine neu angekommene Familie zu bedienen. Deren fröhliche Gespräche will Jule gar nicht hören. Sie lässt einen Zehner auf dem Tisch liegen und schleicht zurück zum Kapitänshaus, das ihr so wenig Glück gebracht hat.

Wo soll sie jetzt bloß hin? Am liebsten wäre ihr ein Hotel. Ein gutes Hotel. Ein Hotel, in dem man so richtig verwöhnt wird. Und es soll irgendwo stehen, wo sie noch nicht war. Weder mit Morten noch mit Max. Außerdem will Jule möglichst nah an die Nordsee, nur zur Sicherheit, falls die Wellen wieder stärker werden und die Depression anhält.

Zehn Dinge, die man auf Sylt lieber bleiben lassen sollte

1. Am Ellenbogen schwimmen – die Strömungen an Sylts nördlichstem Strand sind nicht zu unterschätzen.
2. Auf dem fahrenden Sylt-Shuttle das Auto verlassen.
3. Am Strand übernachten – wie vieles Schöne ist das verboten und wird auch kontrolliert.
4. Quer durch die Dünen oder abseits der Wege durch die Heide laufen – hier steht alles unter Naturschutz.
5. Den Strandkorb am Abend nicht mit der Öffnung zum Land drehen – das zeigt den Gelegenheitsreisenden an, der mit Sylter Gegebenheiten nicht vertraut ist.
6. Bei einem der Kampener Makler nach einer klitzekleinen Ferienwohnung für unter 100.000 Euro fragen – die gibt es nicht, hat es schon seit Jahrzehnten nicht gegeben und würde es selbst in einer deutschlandweiten Immobilienkrise nicht geben.
7. Einen echten Sylter zum Essen bei Gosch einladen – die Gastronomiekette gilt unter Einheimischen als Touristen-Nepp-Lokal und wird gern abfällig Mc-Gosch genannt.
8. Den eigenen Kleinwagen (darunter fällt alles, was kein Mercedes, BMW, Porsche, Jaguar, Bentley oder Rolls-Royce ist) in den Tagen um die White Night herum auf der Kampener Whiskymeile parken. (Wer von all den abfälligen Blicken beim Einsteigen keine Minderwertigkeitskomplexe bekommt, ist zu beneiden.)
9. Mit Ganzkörpertattoo und Vokuhila-Haarschnitt auf der Terrasse des Buhne-16-Strandrestaurants einen Tisch für zehn Kumpel freihalten.

10. Sich von einem »Unternehmerfreund« zum Urlaub im Westerländer Hotel *Stadt Hamburg* einladen lassen und hinterher die Kosten bar erstatten – wie wir alle wissen, kann einen so etwas sogar den prominentesten Job Deutschlands kosten ...

Zurück im Kapitänshaus schnappt sich Jule den Reiseführer. Mit Michi auf dem Schoß lässt sie sich auf der Bank neben der Klöntür nieder und beginnt im Kapitel *Übernachten auf der Insel* zu blättern. Schnell stößt sie auf das Rantumer Luxushotel *Söl'ring Hof.* Es ist nobel und liegt direkt am Meer. Die Preise seien entsprechend, warnt Michi, ohne allerdings ins Detail zu gehen. Jule ist es egal, was das Hotel kostet. Aber so, wie sie die gut betuchten Sylter Feriengäste einschätzt, geht es denen ähnlich und das Hotel ist trotzdem ausgebucht. Zaghaft tippt Jule die Nummer vom Söl'ring Hof in ihr Handy.

Schon die Stimme der Frau an der Rezeption tut ihr gut. Sie klingt irgendwie lieb, findet Jule, fast so, als würde sie einen auch in den Arm nehmen, falls es nötig sein sollte. Fürs Erste verspricht sie nachzusehen, was sich machen ließe. Eine Absage klingt anders. Jule schöpft Hoffnung. Auf die Frage, wie lange sie denn bleiben wolle, hätte Jule fast geantwortet: »Bis das Geld alle ist.« Doch sie reißt sich zusammen und sagt: »Zwei oder drei Tage wären schön.«

Nach einer kurzen Pause erklärt die Empfangsdame sanft: »Übers Wochenende hätten wir noch eine Meeresmaisonette frei.«

»Bis Montag?«, will Jule wissen.

»Sogar bis Dienstag, also drei Nächte insgesamt.«

»Und sieht man vom Zimmer aus das Meer?«

»Natürlich. Deswegen heißt sie so. Man kann sogar aus der Badewanne das Meer sehen.«

»Das hört sich wunderbar an. Was kostet das Zimmer?«

»600 Euro.«

»Für alle drei Nächte?«

»Für eine Nacht.«

Jule schluckt. Das ist definitiv dekadent und viel zu teuer für mich, denkt sie gerade noch. Es würde ihre Barschaft mit einen Schlag auf 2.860 Euro reduzieren. Doch schon hört Jule sich sagen: »Ich nehme das Zimmer.« Schnell rechnet sie noch einmal nach und fügt hinzu: »Für zwei Nächte.«

So bleiben ihr immerhin noch 3.460 Euro.

»Sehr gern«, freut sich die Tresendame. »Dürfen wir Sie vom Flughafen oder vom Bahnhof abholen?«

»Nein, ich komme mit dem Auto. Und ich wäre auch schon in einer Stunde da. Ginge das?«

»Selbstverständlich.«

»Und ...« Jule zögert.

»Ja? Haben Sie noch einen Wunsch?«

Jule räuspert sich, dann flüstert sie ins Telefon: »Könnten Sie mir ein Bad einlassen, sodass ich gleich ...«

Sie muss nicht ausreden. Und die Tresendame lacht auch nicht, nur ihre Stimme lächelt ein wenig, als sie antwortet: »Aber gern. Wir erwarten Sie dann in einer Stunde.«

Rün en Senenskün

Söl'ring in Rantum

Eine gute Stunde später liegt Jule inmitten eines duftenden Schaumbergs in einer luxuriösen, sehr bequemen Badewanne unter einer Dachgaube, die mit Lüftlmalerei verziert ist. Möwen kreisen in heftigem Flug vor strudelnden Wolken. Soweit das Wandbild. Durch das kleine Gaubenfenster sieht Jule den aktuellen Himmel über Sylt. Er wirkt wie mit grauen Schleiern verhangen und scheint selbst für Möwen wenig attraktiv zu sein. Vielleicht sind die vom vielen Ostwind auch depressiv geworden und hocken jetzt träge auf irgendwelchen Strandkörben herum, überlegt Jule und schaut noch einmal nach draußen.

Auf dem Fensterbrett liegt ein Fernglas bereit, das ihr Meer und Himmel in Großaufnahme präsentiert. Aber selbst jetzt bleibt der Strand menschen- und möwenleer. Immerhin schafft es die Sonne, für wenige Augenblicke durch die Wolkenschichten zu dringen, aber ihre Strahlen sinken in schwefelgelben Streifen auf das müde Meer. Es sieht aus, als läge der Ozean hinter Gittern. Da sind Jule die beigegestreiften Wände ihrer Suite erheblich lieber.

Sie wirft einen Blick durch die geöffnete Tür auf den geschmackvoll eingerichteten Raum. Ihr Gepäck steht noch ungeöffnet neben dem Bett und aus einer Bang-&-Olufsen-Anlage perlt Klaviermusik. Eine solche Anlage und eine Kollektion von CDs gehören hier zu jedem Zimmer, hat der freundliche ältere Herr versichert, der Jules Gepäck nach oben getragen hat.

Jule überlegt, ob vielleicht sogar das Traurigsein mehr Spaß macht, wenn man reich ist, und stellt sich probeweise vor, was Morten sagen würde, wenn er sie jetzt sehen könnte. Vielleicht könnte sie ihm sogar das ganze Max-Desaster beichten? Überhaupt: Max. Wie konnte sie sich nur so täuschen? Wie konnte sie nur so verliebt in ihn sein?

Jule versteht sich selbst nicht mehr.

Natürlich ist es trotzdem keine gute Idee, an Morten zu denken. Sicher würde er bei ihrem Anblick abfällig das Gesicht verziehen und sich über die snobistischen Sitten der gut betuchten Inselgäste lustig machen.

Aber vielleicht würde er ja beim Söl'ring Hof eine Ausnahme machen, überlegt Jule und greift nach der Hotelbroschüre, die auf der Ablage neben der Wanne liegt. Schließlich ist das Hotel nicht nur nach der alten friesischen Mundart benannt, die gerade eine große Renaissance auf der Insel erlebt, hier kümmert man sich auch sonst liebevoll um Sylter Traditionen. Der Koch bewirtschaftet nebenher einen alten Sylter Hof und baut Gemüse und Kräuter selbst an. Auch sonst verarbeitet er bevorzugt Produkte von der Insel.

Söl'ring

Die Annahme, es würde auf der nordfriesischen Insel Sylt traditionell Friesisch gesprochen, ist viel zu oberflächlich und nur zum Teil richtig. Denn es gibt ganze zehn friesische Dialekte. Einer davon ist das Söl'ring. Diese spezielle Sylter Mundart ist der nördlichste aller Dialekte und hat eine lange Geschichte. Söl'ring entstand schon vor etwa 1.200 Jahren und unterscheidet sich von anderen friesischen Dialekten unter anderem durch eine besonders große Anzahl jütländischer Lehnwörter.

Die Pflege des alten Kulturguts hat inzwischen einen großen Stellenwert auf der Insel. Dank der Initiative des Söl'ring Foriining, eines Vereins, der sich besonders um die Erhaltung des Sylter Brauchtums und der alten Inselsprache kümmert, sind die Straßen- und Ortsschilder auf der Insel seit einigen Jahren zweisprachig und viele Institutionen haben sich ganz programmatisch für Namen in der alten Inselsprache entschieden.

Eine kleine Zusammenstellung besonders nützlicher und besonders kurioser Begriffe findet sich im Wörterbüchlein am Ende des Buches.

Auch das Gebäude, in dem das Hotel untergebracht ist, hat eine lange und wechselvolle Geschichte. Es ist sorgsam restauriert und wirkt wie ein größeres Kapitänshaus mitten in den Rantumer Dünen – jedenfalls so lange, bis man den alten Rolls-Royce in der Einfahrt entdeckt, mit dem man Inselrundfahrten unternehmen kann. Spätestens daran würde Morten doch Anstoß nehmen. Jule hört förmlich seine spottende Stimme und verbietet sich jeden weiteren Gedanken an den Friesen mit den tollen blauen Augen. Stattdessen sollte sie überlegen, wie sie den Nachmittag gestalten will. Schließlich kann sie nicht ewig in der Wanne liegen bleiben.

Wasserflugzeuge und andere Vögel

Das Rantumbecken

Als Jule am späten Nachmittag das Hotel verlässt, hat sich das Wetter kaum verändert. Es geht immer noch kein Luftzug und eine dünne Wolkenschicht liegt wie ein Schleier vor der Sonne. Trotzdem beschließt Jule, einen Spaziergang zu machen. Den Strand mit seinen Quallen will sie gar nicht erst sehen, aber als sie am Vorderausgang des Hotels steht und hinüber zur Wattseite blickt, fallen ihr mehrere klobige, lang gestreckte Bauten auf, die fast wie Mietskasernen aussehen und in ihrer zweckmäßigen Architektur wenig zu den anderen Häusern auf der Insel passen. Jule beschließt herauszufinden, wie diese Klötze hierhergekommen ist.

Sie braucht nicht mehr als 15 Minuten bis hinüber zur Wattseite, denn die Insel hat in Rantum ihre schmalste Stelle. Vorbei an einem trubeligen Hotelareal, das wirkt wie eine Reihenhaussiedlung, lässt Jule die merkwürdigen Großbauten zunächst rechts liegen und gelangt bald darauf zu einem Spazierweg, der eine riesige Wasserfläche zum Watt hin abgrenzt. Hier sind nur wenige Menschen unterwegs, ein paar Radfahrer und ein Jogger kommen Jule entgegen, außerdem beobachtet ein älteres Ehepaar neugierig die vielen Vögel, die sich auf dem flachen Wasser sichtlich wohlfühlen und die Luft mit ihren Schreien füllen. Das Wasser dümpelt um das Schilfufer und die Steininseln herum, ein kaum wahrnehmbarer Wind malt krause Muster aufs Wasser und dellt die Halme des Uferbewuchses ein. Für eine Nordseeinsel, auf der man doch tobende Wellen und keine stillen Seen erwartet, findet Jule diesen Anblick ziemlich ungewöhnlich.

Zum Glück hat sie Michi mitgenommen, der ihr erklären kann, dass sie vor dem Rantumbecken steht, einem künstlich angelegten Salzwasser-Biotop, das seit 1962 unter Naturschutz steht und über 260 Vogelarten eine Heimat bietet. Ziemlich viele, findet Jule, mehr als sie überhaupt kennt. Außerdem weiß Michi, dass es hier nicht immer so friedlich zugegangen ist wie jetzt. Ursprünglich hatte die Eindeichung ganz anderen Zwecken gegolten, denn in den 1930er-Jahren sollte hier ein Wasserflughafen entstehen.

Sylt unter den Nationalsozialisten

Bald nach der »Machtergreifung« entdeckten die Nationalsozialisten die Insel für sich. Nachdem Hermann Göring hier seine Ferien verbracht hatte, zogen andere nach, auch die Organisation zur »Gleichschaltung« von Freizeitaktivitäten *Kraft durch Freude* (KdF) errichtete Ferienlager auf Sylt. Die Gastronomen und Hotelbesitzer passten sich schnell der braunen Ideologie an, viele verwehrten Menschen jüdischen Glaubens fortan die Unterkunft. Hakenkreuzfahnen bestimmten das Straßenbild. Nur das damalige Künstlerdorf Kampen blieb in Teilen widerständig.

Doch die Sylt-Begeisterung der Nazis wurde bald von strategischen Erwägungen abgelöst. Großbritannien lag nahe und man fürchtete eine Invasion der Alliierten. Um dem begegnen zu können, deichte man 1938 das 570 Hektar große Rantumbecken ein. Hier sollte ein Flugplatz entstehen, auf dem Wasserflugzeuge tidenunabhängig starten und landen könnten.

Auch wenn der Flughafen im Rantumbecken schon kurz nach seiner Fertigstellung als nicht mehr kriegsrelevant eingestuft wurde, blieb die Insel doch im Fokus der Nationalsozialisten. Im Zweiten Weltkrieg wurde ganz Sylt zum Sperrgebiet erklärt, jeglicher Tourismus kam zum Erliegen. Der Nordseestrand wurde mit Bunkern gesichert und für über 10.000 hier stationierte Wehrmachtssoldaten entstanden Kasernen, eine von ihnen in direkter Nähe zum Rantumbecken. Uniformen prägten nun das Straßenbild.

Allein in List stieg die Einwohnerzahl von 449 Menschen im Jahr 1933 auf 2.870 im Jahr 1939. Die Angst vor einer Invasion über die Nordsee war ungebrochen. Noch in den letzten Kriegsmonaten begann man, einen mächtigen »Friesenwall« zu errichten, der nie fertiggestellt wurde. Vorwiegend KZ- und Kriegsgefangene schufteten mit primitivsten Mitteln wochenlang in Kälte und Regen. Mehr als 600 KZ-Häftlinge kamen bei den Erdarbeiten auf der Insel innerhalb von kurzer Zeit um.

Am Ende des Zweiten Weltkriegs nahmen die Alliierten Sylt allerdings nicht von der See aus, sondern über den Hindenburgdamm ein, ohne dass es zu irgendeiner Gegenwehr kam.

Nachdenklich schlendert Jule auf dem betonierten Weg entlang. Dass die Insel auch bei den Nationalsozialisten eine Sonderstellung eingenommen hat, kann sie sich vorstellen. Die Schönheit der Landschaft und die exponierte Lage als nördlichster Zipfel Deutschlands haben sie sicher dafür prädestiniert. Vielleicht haben auch die mächtigen Bauten, an denen sie vorbeigekommen ist, etwas mit diesem Teil der Inselgeschichte zu tun, überlegt Jule jetzt und beschließt umzukehren. Für Vögel hat sie sich noch nie interessiert und außerdem ist die Atmosphäre hier auf der schmalen Mole zwischen Rantumbecken und Watt nicht gerade stimmungsaufhellend. Die fast schon depressive Stille ringsum wird durch die schrillen Vogelrufe nur noch betont und der niedrige Himmel tut ein Übriges. Jule will wieder unter Menschen und läuft mit hastigen Schritten zurück.

Als sie wenig später auf dem Parkplatz steht, der zu dem großen Gebäudekomplex gehört, ist sie froh über das Lachen und die Kinderrufe, die zu ihr dringen. Neugierig betritt Jule den ersten der beiden umbauten Bereiche. Hier scheinen Ferienheime untergebracht zu sein, denn überall rennen und toben kleine und größere Kinder herum, während die Betreuer auf Plastikstühlen vor den Hauseingängen sitzen und versuchen, den Überblick zu behalten. Zögernd geht Jule auf eine Frau in ihrem Alter zu, die allein auf einem Stuhl sitzt und in einem Buch blättert. Sie hat dunkles Haar und ein offenes Gesicht mit lachenden Augen.

»Entschuldigen Sie, wenn ich störe, aber ich hätte mal eine Frage«, sagt Jule.

»Kannst mich duzen, ich bin Valeska. Setz dich doch, ich bin froh, wenn mich jemand ablenkt – ich lerne gerade Statistik, das bringt mich noch um. Meine Gruppe macht eine Wattwanderung und ich muss die Kids erst zum Abendessen in Empfang nehmen.«

Jule setzt sich gern, Valeska ist ihr sofort sympathisch.

»Danke. Ich bin Jule und mach Urlaub auf der Insel. Ist das hier ein Ferienheim oder so was?«

»Die Gewerkschaft hat die Räume gepachtet. Jeden Sommer werden Kinder aus Familien hierhergeschickt, die sich nicht unbedingt einen Urlaub leisten können. Ich studiere Sozialpädagogik und arbeite hier jetzt schon im dritten Jahr hier als Betreuerin.«

»Weiß du, was früher in den Gebäuden war?«

Valeska lacht und greift sich mit beiden Händen in die dunklen Haare. »Das kann ich dir ziemlich genau sagen. Meine Mutter ist nämlich hier aufgewachsen.« Mit einer weiten Geste umfasst sie den ganzen Baukörper. »Ursprünglich waren das Kasernen, man kann das immer noch ganz gut an der Aufteilung in Blöcke erkennen. Nach dem Zweiten Weltkrieg durfte Deutschland ja keine Armee mehr haben, also standen die Gebäude leer. Und hier auf Sylt gab's eine Menge davon.«

Jule nickt und Valeska redet weiter: »Nach 1945, nachdem Deutschland große Gebiete im Osten abtreten musste, gab es riesige Flüchtlingswellen. Die Leute kamen in die Flüchtlingslager, aber früher oder später brauchten sie ...«

»... Wohnungen«, beendet Jule den Satz.

»Na ja«, wieder streicht sich Valeska durchs Haar. »Ich würde es eher Unterkünfte nennen. Die Flüchtlinge wurden über die ganze Republik verteilt, aber Sylt hat besonders viele aufgenommen, gemessen an der Bevölkerungszahl jedenfalls.«

Jule sieht die Gebäude jetzt mit einem anderen Blick. Sie stellt sich vor, wie sich die Menschen nach ihrer Flucht oder der Vertreibung aus den weiten Landschaften Osteuropas plötzlich hier auf dieser windigen Insel in winzigen Quartieren einrichten mussten.

Als hätte Valeska ihre Gedanken erraten, erklärt sie: »Die Enge in den Wohnblöcken war vielleicht gar nicht das Schlimmste. Richtig hart war sicher die Ablehnung der Einheimischen. Meine Mutter ist hier eingeschult worden und sie war für die Sylter Mitschüler immer nur das Flüchtlingskind. Echte Sylter spielten nicht mit denen.«

»Es muss für die Eltern doch auch total schwierig gewesen sein, Arbeit zu finden«, wirft Jule ein.

»Eigentlich nicht. Du hast ja bestimmt selbst schon gesehen, wie schön die Insel ist. Nach dem Krieg hat es nicht lange gedauert, bis die Badegäste wiederkamen. Das brachte Jobs für die Einheimischen und auch für die Aussiedler – wenn sie sich für nichts zu schade waren.«

»Wie ist es deinen Großeltern denn ergangen?«, will Jule wissen.

»Mein Opa hat zuerst als Vertreter gearbeitet. Irgendwann bekam er günstig ein kleines Grundstück hier in Rantum angeboten. Er war mutig, hat es gekauft und ein Hotel eröffnet. Das war natürlich ein Familienbetrieb, und Oma und Opa müssen ganz schön geschuftet haben, aber sie wurden zu angesehenen Bürgern und auch ein bisschen wohlhabend. Und als meine Mutter aufs Gymnasium kam, war es langsam vorbei mit der Ausgrenzung. Sie hat einen echten Sylter geheiratet, den Sohn des Westerländer Pfarrers. Wenn das kein gesellschaftlicher Aufstieg war.«

Valeska lacht wieder und weist dann auf einen Bus, der gerade hinten am Parkplatz hält. »Da sind die Kids, jetzt geht's in den Abendkampf. Essen, Duschen, Schlafengehen. Oder besser gesagt: Essen, Duschen, Licht ausmachen. Wann die wirklich einschlafen, will ich gar nicht wissen. Ich bin schon froh, wenn es mir gelingt, sie in ihren Zimmern zu halten.«

Jule muss grinsen. »Viel Erfolg dabei ...« Dann steht sie auf. »Wo studierst du eigentlich?«

»In Berlin.«

»Ehrlich? Ich auch? Sollen wir uns mal treffen?«

Schnell tauschen die beiden ihre E-Mail-Adressen aus, dann kommt auch schon eine Horde hungriger Zwölfjähriger auf Valeska zugelaufen.

»Vor dem Essen Hände waschen«, hört Jule sie noch rufen, dann verschluckt das Johlen der Kinder Valeskas Stimme. Nachdenklich verlässt Jule das ehemalige Kasernenareal. Plötzlich kann sie sich sehr gut die Enge und Trostlosigkeit dieser Behausungen in den späten 1940er-Jahren vorstellen. Und die Hoffnung darauf, sich eine neue Existenz aufbauen zu können ...

Quellwasser und Tränen

Das Meerkabarett

Plötzlich hat Jule Hunger. Riesigen Hunger, um genau zu sein. Schließlich hat sie außer dem doppelten Espresso am Morgen noch nichts zu sich genommen. Gegenüber steht ein runder Glasbau, der ihr vorhin schon aufgefallen ist. »Sylt-Quelle« und »Meerkabarett« liest Jule über den Eingängen.

Die Sylt-Quelle

Seit 1993 hat Sylt sogar ein eigenes Mineralwasser. Etwa 650 Meter tief unter den Dünen im Rantumer Süden am Strandabschnitt Samoa liegt ein jahrtausendealtes Süßwasserreservoir, das durch eine unterirdische Brunnenanlage über eine ebenfalls unterirdische Pipeline in die Abfüllanlage der Sylt-Quelle geleitet wird. Auf diese Weise wird die unter Naturschutz stehende Dünenlandschaft an keiner Stelle beeinträchtigt.

Erst in dem 16-eckigen Glasbau, der den Namen *genuss:raum sylt quelle* trägt, sprudelt das ausgesprochen jodhaltige Wasser nach seiner Reise durch die Unterwelt aus einem imposanten Stein. Die Zapfanlage ist in den größten Labrador-Monolithen integriert, der auf deutschem Boden zu finden ist. Labradore sind grau bis grün-blau gefärbte Steine mit schillernd glasiger Oberfläche. Der stolze Durchmesser des Sylter Steins beträgt 2,5 Meter. Die Besucher können das quellfrische Wasser direkt aus dem Stein zapfen. Außerdem gibt es Kuchen und andere Gerichte. Nebenbei lassen sich die Erdschichtungen unter der Sylt-Quelle ausführlich studieren, denn im Inneren einer 7,50 Meter hohen gläsernen Säule sind sämtliche Gesteinsarten zu sehen, durch die die Quellbohrung führt.

Neugierig studiert Jule das Programm des Meerkabaretts. Heute Abend singt Max Raabe, den sie schon immer mal live hören und sehen wollte. Sie schaut auf die Uhr, in 20 Minuten geht es los. Da wird sie es wohl kaum schaffen, vorher noch etwas zu essen. Trotzdem fragt sie an der Kasse, ob es noch Karten gibt.

»Nur Einzelplätze«, antwortet eine maulfaule Kassiererin.

»Kann man drinnen auch etwas essen?«, will Jule wissen.

»Käseteller. Kostet 12,50 Euro extra. Müssen Sie aber gleich mitbuchen und bezahlen.«

Ohne weiter nachzudenken zückt Jule ihr Portemonnaie.

»Ich würde gern ganz vorn sitzen, geht das?«

»Fünfte Reihe Rand. Aber mit Tisch. 57 Euro mit Käseteller.«

Jule zahlt. Jetzt hat sie noch 3.400 Euro. Aber dafür wird Max Raabe persönlich sie über ihren Liebeskummer hinwegtrösten und ein hoffentlich üppiger Käseteller sie sättigen. Man kann sein Geld schlechter anlegen.

Als das Palastorchester die Bühne betritt, erlischt die Beleuchtung im Saal. Nur auf den Tischen glimmen kleine Lichter. Das Publikum schweigt erwartungsvoll und Jule wird es fast schon romantisch zumute. Max Raabe singt *Hab keine Angst vor Liebe* und *Die Nacht ist nicht allein zum Schlafen da.* Er singt *Küssen kann man nicht alleine, Dein ist mein ganzes Herz* und schließlich *Wenn du von mir fortgehst.* Jule kullern die Tränen übers Gesicht. Den Käse hat sie noch nicht einmal angerührt. Am liebsten würde sie fliehen, aber dazu ist sie schon längst zu schwach. Sie weint bei *Cheek to Cheek,* und bei *Zur Liebe gehört ein Hauch Romantik* kann sie das Schluchzen kaum noch unterdrücken. Als der Sänger nach knapp zwei Stunden unter tosendem Applaus die Bühne verlässt, steht Jule mit zitternden Knien auf. Als eine der Ersten stürmt sie aus dem Saal.

Draußen ist es mittlerweile dunkel und Jule muss sich kurz orientieren, um die richtige Richtung für den Heimweg zu finden. Durch die Tränen sieht sie alles verschwommen. Der Eingang wird von Lampen angestrahlt, aber sie will der Helligkeit möglichst schnell entfliehen, sie will zurück auf die dunklen Straßen und dann in ihr Hotelbett, um sich ganz der Trauer über ihr verpatztes Liebesleben hinzugeben.

Jule stürmt über die Straße. Dann hört sie die quietschenden Reifen eines Wagens. Verwirrt blickt sie ins Scheinwerferlicht, natürlich ohne irgendetwas erkennen zu können. Dafür kennt sie die Stimme, die ihr nun etwas zuruft, nur allzu genau.

»Jule, pass doch auf, verdammt noch mal.« Morten beugt sich aus dem Wagenfenster. »Ihr habt es wohl auf mich abgesehen. Erst rennt mir dein Freund vors Auto und jetzt du. Wo ist er überhaupt?«

»Wer?«

»Na, dein Freund.«

»Weg.« Jule schluchzt, und trotzdem wird ihr mit einem Mal ganz warm. Obwohl sie so oft an ihn gedacht hat, ist sie jetzt doch erstaunt darüber, wie sehr sie sich freut, Morten zu sehen.

Morten steigt aus. Prompt beginnen die Taxis in der Schlange hinter seinem Wagen zu hupen. Er hält den ganzen Zufahrtsverkehr auf. Morten kümmert sich nicht um den Lärm, sondern beugt sich über Jule und hilft ihr beim Aufstehen. Als ihm ein Seufzer entfährt, klingt das verärgert, aber auch ein wenig mitleidig. Oder bildet sich Jule das nur ein?

»Wo ist dein Auto?«, will Morten jetzt wissen.

»Am Hotel. Ich bin zu Fuß hier.«

»Welches Hotel?«

»Söl'ring Hof.«

»Steig ein. Ich fahr dich zurück.«

Jule lässt sich auf den Beifahrersitz fallen. Sie ist Morten dankbar dafür, dass er ihre Hotelwahl nicht mit einer bissigen Bemerkung kommentiert. Überhaupt ist er ziemlich schweigsam. Er wendet den Wagen, fährt aber nicht zurück auf die Hauptstraße, sondern hinaus in die Dunkelheit ans Rantumbecken. Am Ende der Straße bleibt er stehen und macht den Motor aus.

»Danke«, sagt Jule.

»Wofür?«

»Dass du mich mitgenommen hast. Und dafür, dass du überhaupt noch mit mir redest.«

»Woher willst du wissen, dass ich das tun werde?«

Seine Stimme klingt wütend. Jule traut sich gar nicht, ihn anzusehen. Sie zerrt ein Taschentuch aus ihrer Tasche und schnäuzt sich die Nase. Dann blickt sie doch zu Morten hinüber. Er grinst. Jule glaubt es nicht.

»Da gibt's gar nichts zu lachen«, schimpft sie.

»Ich lache nicht über dich. Nur über die Situation.«

Weiter kommt Morten nicht, weil Jule sich quer über den Sitz in seine Arme wirft.

»Es tut mir so leid«, flüstert sie. »Ich bin so eine dumme Kuh.«

Morten schweigt und streichelt ihr übers Haar.

»Würdest du dich noch mal mit mir treffen?«, fragt Jule leise. »Morgen vielleicht, wenn ich weniger verheult und ausgeschlafen bin, und vor allem wenn ich endlich etwas gegessen habe?«

Anstelle einer Antwort schiebt Morten Jule zurück auf ihren Platz, dreht sich nach hinten um und beginnt, in seiner Tasche zu kramen, die auf dem Rücksitz liegt. Nach kurzer Zeit fördert er zwei belegte Brote zutage.

»Salami und Gouda. Magst du?«

Jule nickt und greift gierig nach einem der Brote. Nach einigen Bissen murmelt sie schuldbewusst: »Jetzt esse ich dir auch noch den Proviant für die Nacht weg.«

»Ist meine gute Tat für heute«, antwortet Morten trocken. »Und jetzt fahre ich dich erst mal in dein Hotel zurück und du schläfst dich aus. Wenn du willst, kann ich dich morgen Vormittag gegen elf abholen. Dann haben wir beide ein bisschen Zeit, über die Sache nachzudenken. Es gibt da schon ein paar Fragen, die ich dir gern stellen würde. Und ich hoffe, diesmal bist du ehrlich.«

»Versprochen«, sagt Jule.

Büke und Boßeln ...

... und andere Gründe, Sylt zu lieben

Am nächsten Morgen strahlt die Sonne vom blauen Himmel und die Flaggen stehen steif im kräftigen Westwind. Jule fühlt sich wie neugeboren, als sie sich nach dem üppigen Frühstück an die Empfangsdame des Hotels wendet.

»Ich habe eine Bitte.«

»Und die wäre?«

»Ich möchte einem Freund einen wirklich schönen Tag bereiten. Er hat nachts gearbeitet, er sollte sich also ein bisschen ausruhen können. Gleichzeitig sollte es etwas Leckeres zu essen geben. Und außerdem, wenn sich das auch noch machen ließe, würde ich gern bei diesem herrlichen Wetter am Strand oder zumindest in der Nähe sein.«

»Dann ist Herbert Seckler vielleicht der Richtige für Sie«, lächelt die Empfangsdame.

»Wer ist das?«

»Sansibar. Nie gehört?«

»Sind das die mit den gekreuzten Piratensäbeln? Die ihre Currywurst im Flugzeug verkaufen?«

»Genau. Inzwischen haben mehr Leute Säbelaufkleber auf ihren Autos als den Inselumriss – bei manchen ist das Sansibar deshalb nicht ganz so beliebt. Aber hier auf der Insel hat das Ganze angefangen. Mit einer kleinen Holzbude südlich von Rantum. Und jetzt ist ein riesiges Unternehmen daraus geworden, das Weine aus seinem berühmten Sortiment weltweit verschickt. Aber das muss Sie ja nicht interessieren. Jedenfalls wären Sie und Ihr Freund in den Strandkörben auf der Terrasse ganz ungestört, er könnte sich ein bisschen ausruhen – und zum Essen gibt es nicht nur Currywurst.«

»Das hört sich toll an. Könnten Sie einen der Körbe für mich reservieren?«

»Leider kann man das nicht. Sie müssen selbst hinfahren und ihr Glück versuchen. Am besten ist es, wenn man schon kurz vor halb elf da ist, da öffnet das Restaurant.«

Jule zögert. Morten kommt erst um elf und sie mag auch nicht um einen Platz kämpfen müssen.

»Ich habe da noch eine andere Idee«, unterbricht die Empfangsdame Jules Überlegungen. »Zwar bedienen wir nicht unten am Strand, aber ich könnte mir vorstellen, dass unsere Küche einen Proviantkorb für Sie zubereiten würde, den Sie dann mit hinunter zu Ihrem Strandkorb nehmen können.«

»Ich habe einen Strandkorb?«

»Natürlich. Wir haben für jedes Zimmer einen reserviert.«

»Wunderbar. Und bitte sparen Sie nicht am Proviant, ich habe meinem Freund in der letzten Nacht buchstäblich das letzte Brot weggegessen.«

Jule fragt nicht, was der Spaß kosten wird. Billig ist es sicher nicht. Aber plötzlich ist ihr das egal, wenn es nur ein schöner Tag wird.

Zwei Stunden später sitzen Jule und Morten in einem bequemen Strandkorb, graben die Füße in den warmen, feinen Sand, gucken auf die Nordsee, deren Wellen schon eine beträchtliche Höhe erreicht haben, und probieren die feinen Snacks, die die Küche des Söl'ring Hofs in einem Weidenkorb arrangiert hat.

»Das ist wirklich verdammt lecker«, sagt Morten und greift nach einem zweiten Forellenkanapee. Dabei sieht er sich vorsichtig um. »Ich hoffe nur, dass keiner meiner Schulfreunde mich zufällig hier entdeckt.«

»Warum? Schämst du dich für mich?«

»Natürlich nicht. Aber was wir hier machen, ist ganz schön dekadent, findest du nicht?« Er deutet auf die Kühlbox, in der sich nicht nur Mineralwasser, sondern auch ein feiner Weißwein befindet.

»Wir haben aber auch schon weniger dekadente Sachen miteinander erlebt. Wir sind durchs Watt und durch die Heide gelaufen und am Ellenbogen hast du mir das Leben gerettet.«

»Und gestern Abend auch wieder, vergiss das nicht. Ich hätte dich schließlich auch über den Haufen fahren können.«

»Ich glaube, es zählt nicht jede Situation, in der man seinen Nächsten gerade mal nicht umbringt. Ich zum Beispiel hätte nach dieser Lesart letztens Max das Leben gerettet, weil ich ihn nicht vor Wut am Morsum-Kliff in die Tiefe gestoßen habe.«

»Hast du nicht? Schade. Was hatte er dir denn getan?«

»Muss ich das wirklich erzählen?« Jule wird ganz schlecht bei dem Gedanken an die letzten Tage.

»Du hast gestern versprochen, ehrlich zu sein.«

»Schon gut. Ich erinnere mich nur nicht so gern daran.« Trotzdem berichtet Jule jetzt mit leiser Stimme die ganze Geschichte. Beginnend mit den glücklichen Berliner Max-und-Jule-sind-ein-Paar-Zeiten, die mit dem Auftauchen Helenes ihr plötzliches Ende fanden, bis hin zu Max' überraschendem Sylt-Besuch, Jules eigenem Gefühlschaos und der entwürdigenden Entdeckung am Morsum-Kliff, dass die Verbindung zwischen Max und Helene immer noch nicht gekappt war.

Morten lehnt entspannt in seiner Ecke des Strandkorbs, er hat die Augen fast geschlossen und bewegt sich nicht. Er unterbricht Jule auch nicht mit Zwischenfragen. Nach einer Weile denkt sie, er sei vielleicht eingeschlafen, schließlich hat er die letzte Nacht in seinem Taxi verbracht und ist bestimmt ziemlich müde. Aber für ihre Beichte ist das egal, eigentlich wäre es ihr sogar lieber, wenn Morten nicht ganz so genau mitbekäme, wie blöd sie sich verhalten hat.

Doch als Jule fertig ist und mit einem geflüsterten »So, das war's« schließt, schlägt Morten die Augen auf und sieht ihr ziemlich wach ins Gesicht.

»Hört sich an, als wäre dieser Max ein ziemlich egoistischer Typ. Und du bist wahrscheinlich ein nicht zu unterschätzender Sprengsatz.«

»Wie meinst du das?«

»Impulsiv und gefährlich, so wie man es von Feuerwerkskörpern kennt.«

»Vielleicht hast du mich aber auch nur ziemlich schnell nach unserem Kennenlernen aus der Kurve geworfen, so wie man es von schlechten Autofahrern kennt«, gibt Jule schnippisch zurück.

»Und jetzt?«, will Morten wissen. »Als Inselführer brauchst du mich jedenfalls nicht mehr, du hast ja schon fast alles gesehen.«

Jule muss an Michi denken, den sie in ihrem Zimmer zurückgelassen hat. Er war ein wirklich guter Ratgeber –

aber letztendlich doch ein bisschen leblos. Ein Begleiter aus Fleisch und Blut ist ihr entschieden lieber.

»Ich habe längst noch nicht alles gesehen«, widerspricht Jule und erlaubt sich einen tiefen Blick in Mortens knallblaue Augen. »Ich weiß doch zum Beispiel gar nicht, wie es hier im Herbst ist. Oder zu Weihnachten. Oder im kalten Februar.«

»Stimmt, das könnte ich dir alles zeigen.«

Morten lehnt sich zurück und wartet darauf, dass Jule den Faden weiterspinnt.

»Ich müsste wiederkommen«, schlägt sie leise vor.

»Auf jeden Fall. Zum Beispiel in der übernächsten Woche, wenn das nächste Ringreiterturnier stattfindet.«

»Hört sich an wie ein Mittelalterspektakel mit Edeldamen, Knappen und Troubadouren. Bist du auch dabei, vielleicht als Ritter?«

»Eher als Chauffeur, ich kann nämlich besser fahren als reiten«, gibt Morten zu.

»Ich komme trotzdem.«

Ringreiten auf Sylt

Seit 1841 sind Ringreiterwettkämpfe auf Sylt nachgewiesen. Der erste Ringreiterverein wurde 1861 auf der Insel gegründet. Bis heute existieren noch acht Vereine, fünf für Männer und drei für Frauen, die bei den Ringreitern Amazonen heißen.

Bei den alljährlich Wettkämpfen, die zwischen Mai und August in Keitum, Morsum und Archsum stattfinden, müssen die Reiter im vollen Galopp mit ihren Lanzen einen kleinen Messingring aufspießen, der an einem galgenähnlichen Gestell baumelt. Je kleiner der Messingring, desto höher ist die Würde, die der Reiter erringen kann. Der Prinzenring hat einen Durchmesser von 24 Millimetern, der Kronprinzenring misst 19 Millimeter und der Königsring nur noch winzige 13 Millimeter – das ist nicht mehr, als das letzte Glied eines Frauenfingers lang ist.

Um eine dieser Würden zu erlangen, muss ein Reiter den jeweiligen Ring als Erster dreimal aufspießen. Am Ende der Saison treten die örtlichen Majestäten in einem großen Finale gegeneinander an und konkurrieren um die inselweite Königswürde.

»Sehr schön.« Morten zückt einen imaginären Bleistift und tut so, als würde er den Termin in einen Kalender eintragen. »Und dann darfst du natürlich keinesfalls die klaren Oktobertage auf der Insel versäumen. Dann sind die Touristenmassen verschwunden und die Sylter fast wieder unter sich. Vielleicht könnten wir mal beim Boßeln am Ellenbogen mitmachen. Damit du nicht denkst, dass man da nur ertrinken kann.«

»Boßeln?«

»Ein ziemlich lustiges Mannschaftsspiel, beliebt vor allem bei den Listern. Eine Gummikugel, die mit Blei gefüllt ist, muss möglichst weit geworfen werden. Jeder aus der Mannschaft wirft von dort, wo die Kugel seines Vorgängers gelandet ist.«

»Hast du das auch schon mal gemacht?«

»Klar. Häufiger sogar, schließlich komme ich aus List. Zu Ostern werfen wir hier auf der Insel übrigens mit Eiern.«

»Quatsch!«

»Nein, ehrlich. Das Ei muss hart gekocht sein und die Schale darf beim Aufprall nicht zerbrechen. Man unterscheidet die Disziplinen Eierkullern und Eierwerfen. Wer am weitesten kommt, ohne dass die Schale bricht, gewinnt.«

Jule kichert. »Ihr seid schon ein bisschen irre, oder?«

»Überhaupt nicht. Du solltest uns mal an Weihnachten sehen, wenn wir statt einer saftig grünen Tanne ein spilleriges Holzgestell schmücken.«

»Ein Gestell?«

»*Jöölboom* heißt das, ein etwas dickerer runder Stab mit Querstreben. Der Brauch kommt aus den Zeiten, als man nur verwendete, was auch in der Nähe wuchs. Besonders viele Nadelbäume gibt es auf der Insel schließlich nicht. Aber wenn man ordentlich Salzteigfiguren und Dörrobst an das Gestell hängt, kann das Ganze sehr schön werden.«

»Aber jetzt gibt es doch sicher richtige Tannenbäume auf der Insel?«

»Klar. Es gibt wahrscheinlich sogar Tannenbäume auf Hawaii. Aber manche halten immer noch an der Tradition fest. Meine Oma zum Beispiel.«

»Die besuchen wir dann zu Weihnachten?« Jules Stimme zittert ein wenig.

»Am besten wäre es, sie zu Silvester zu besuchen, dann steht ihr *Jöölboom* bestimmt immer noch im *Pesel,* so nennt meine Oma ihr Wohnzimmer. Und dann kannst du gleich noch eine andere Tradition kennenlernen. Meine Oma wohnt nämlich in Morsum, und dort gibt es am Jahresende noch den Umritt und das traditionelle Maskenlaufen.«

»Und was soll das sein?«

»Man läuft oder reitet durchs Dorf, meist verkleidet, und wünscht allen Nachbarn Glück fürs neue Jahr. Als

Dank bekommt man jedes Mal einen Schnaps angeboten. Der nennt sich Satteltrunk, und du kannst dir vielleicht vorstellen, wie sattelfest die Reiter nach so einer ausgedehnten Besuchstour noch sind.«

»Ich kann es mir ziemlich gut vorstellen«, antwortet Jule und beginnt, die Weißweinflasche zu öffnen. »Etwa so, wie wir beide, wenn wir die hier ausgetrunken haben.«

»Vielleicht sollten wir es erst einmal mit einer Schorle versuchen.« Morten zeigt auf das Mineralwasser. »Es ist noch nicht mal zwei Uhr am Nachmittag.«

»Kein Bier vor vier, kein Sex vor sechs, so einer bist du also«, flachst Jule.

»Nein, so einer bin ich bestimmt nicht.« Morten macht eine kleine Bewegung auf Jule zu, hält dann aber inne.

»Sind wir denn mit den Sylter Bräuchen durch oder hast du mir noch was verschwiegen?«, fragt Jule mit strenger Stimme.

Morten tut so, als würde er angestrengt nachdenken. »Nur die Freudenfeuer im Februar. Da musst du natürlich auch kommen. Wir nennen sie Biike und vertreiben damit den Winter und alle bösen Geister gleich mit.«

Biikebrennen

In vorchristlicher Zeit gab es in weiten Teilen Nordfrieslands den Brauch, die Wintergeister durch riesige Feuer zu vertreiben und das kommende Frühjahr zu begrüßen. Auch auf Sylt wurde dieser Brauch über Jahrhunderte gepflegt. In der Zeit der großen Grönlandfahrten verabschiedete man mit diesem Ritual die Seemänner, wenn sie als Walfänger zu Saisonbeginn in Richtung Nordmeer aufbrachen – so überliefert es der Sylter Chronist Christian Peter Hansen, wenngleich diese Theorie umstritten ist: Denn der Walfang konnte erst wieder aufgenommen, wenn die Häfen eisfrei waren, und das war so früh im Jahr noch nicht der Fall.

Ende des 19. Jahrhunderts wurde ein festes Datum für diesen Brauch festgelegt: Jedes Jahr in der Nacht vom 21. zum 22. Februar (St. Petri) lodern überall auf der Insel mächtige Holzstöße, die aus Strandgut und den Weihnachtsbäumen des vergangenen Jahres errichtet werden. Außer den Feuern gibt es heißen Punsch gegen die Kälte. Gern ziehen die Sylter von Biike zu Biike, um sich anschließend mit Grünkohl, süßen Kartoffeln und Kassler oder Pinkel zu stärken. Das jährliche Biikebrennen ist mittlerweile auch zu einer gewinnträchtigen Touristenattraktion geworden.

Am nächsten Tag ist Petritag und alle Schulkinder haben traditionell frei. Wer mag, kann am Abend des Petritages in diversen Restaurants bei Livemusik und Tanz noch einmal den Winter verabschieden.

»Auf die Vertreibung aller bösen Geister können wir aber jetzt schon anstoßen, oder?«, fragt Jule, während sie die Gläser füllt.

»Logisch, das geht immer.«

Der Klang der Kristallgläser schwingt in der klaren Luft, vermischt sich mit dem Krächzen der Möwen und dem Rauschen der Wellen. Jule nimmt ihren ganzen Mut zusammen, und dann küsst sie Morten auf den Mund. Ganz salzig schmeckt der.

»Du bist wie ein Stück von Sylt«, murmelt sie, »meerblaue Augen und salzige Lippen. Und deine Haare haben die Farbe von Dünengras.«

»Du darfst nicht vergessen, dass meine Familie von Fischern abstammt«, unterbricht sie Morten. »Und gerade habe ich einen ziemlich tollen Fang gemacht.«

»Meinst du mich?«

»Ist hier sonst noch jemand, den ich so bald nicht mehr loslassen werde?«

»Ich glaube, ich habe mich verliebt«, gesteht Jule.

»In mich?« Morten sieht Jule mit einem verschmitzten Lächeln an.

»Vielleicht auch das.« Jule lacht und küsst ihn noch einmal. »Aber auf jeden Fall in deine Insel.«

Wörterbüchlein Söl'ring – Hochdeutsch

Ailön – Insel
Baanstich – Bahnsteig
baari – baden
Bäbi – Papa
Bagaasji – Gepäck
Baker – Bäcker
bitali – bezahlen
Bloom – Blume
Boks – Hose
Brain – Gehirn
Breevdraier – Briefträger
Deel – Dünental
Dik – Deich, Wall
Dochter – Doktor
Duar – Tod
Duiwel – Teufel
Dütsklön – Deutschland
Faarwel – Auf Wiedersehen
Fastlön – Festland
Fesk – Fisch
Forteling – Geschichte
Gaav – Geschenk
Glaat – Dünental
Gooki – Großvater
Greev – Grab
Gur Dai – Guten Tag
Gur Miaren – Guten Morgen
Heef – Wattenmeer
Heefkant – Ufer
Hingst – Pferd
Hoog – Hünengrab
Hüs – Haus
Jil – Geld
Jöl – Feuer
Jööl – Weihnachten
Kiiker – Fernglas
Klef – Kliff
Klok – Glocke, Uhr
Kööken – Küche
Kööv – Wohnstube

Leecht – Licht, Kerze
Lik – Leiche
Locht – Luft
Lön – Land
Medai – Mittag
Naiber – Nachbar
Naiberswüf – Nachbarin
Önteenken – Andenken
Öört – Erde
Piisel – Pesel, Wohnstube
Pröst – Pastor
Puask – Ostern
Riin – Regen
Rok – Kleid
Rook – Rauch
Saaltweeter – Salzwasser
Senenskiin – Sonnenschein
Skeenk – Gaststube
Skruk – Auster
slööten – geschlossen
snaki – reden, sprechen
Söl'ring – Sylterfriesisch
Sön – Sand
Spöl – Spiel
Spraak – Sprache
Storem – Sturm
Strön – Strand
Task – Tasche
Tir – Zeit
Töner – Donner
Töök – Nebel
Ungst – Angst
Ütlön – Ausland
Uurt – Wort
Wai – Weg
Walfesk – Walfisch
Wärel – Welt
Wiiser – Uhrzeiger
Winj – Wind
Wüf – Ehefrau, Weib

Danksagung

Ohne die hilfreichen Tipps und Geschichten vieler Sylter wäre dieses Buch nicht entstanden.

Besonders herzlich und kenntnisreich bringen mir Cornelia und Matthias Dannenberg seit Jahren die Eigenheiten und die Geschichte der Insel nahe. In vielen Gesprächen und auf etlichen Ausflügen durfte ich von ihrem reichen Wissen profitieren. Auch lieferten die hinterlassenen Schriften des Westerländer Pfarrers Gerd Dannenberg mir manches nützliche Detail. Danke für Euer Engagement und Eure Freundschaft!

Meine beiden Söhne haben durch ihre exzessive Teilnahme am Kampener Nachtleben der Schriftstellerin in mir viele schöne Geschichten beschert – nicht alle ihre Eskapaden haben mein Mutterherz höherschlagen lassen.

Des Weiteren gilt mein Dank Anke Kiefl vom Westerländer Bücherwurm für informative Gespräche, Claudia Reichelt vom Söl'ring Hof für eine spontane Führung durch ihr schönes Hotel sowie Anette und Jörg Runkel vom Haus Tüdringhoog in Kampen für Details und Anekdoten zum Leben auf der Insel.

Mein Lektor Stephan Ditschke hat mit seinen kreativen Ideen und Ratschlägen die Entstehung dieses Buches intiiert und sie kenntnisreich begleitet. Dafür sehr herzlichen Dank!

Selbstverständlich bin bei aller Sorgfalt nur ich selbst für eventuelle Fehler oder Unklarheiten verantwortlich. Der heilige Niels, Schutzpatron der Seefahrer, möge mich strafen.

Stichwortverzeichnis

FETTNÄPFCHENFÜHRER

www.fettnäpfchenführer.de

Die Buchreihe, die sich auf vergnügliche Art dem Minenfeld der kulturellen Eigenheiten widmet.

ISBN 978-3-934918-59-7

ISBN 978-3-934918-92-4

ISBN 978-3-943176-26-1

ISBN 978-3-934918-74-0

ISBN 978-3-934918-82-5

ISBN 978-3-943176-31-5

ISBN 978-3-934918-85-6

ISBN 978-3-934918-47-4

ISBN 978-3-943176-24-7

ISBN 978-3-934918-77-1

ISBN 978-3-943176-38-4

ISBN 978-3-943176-03-2

ISBN 978-3-934918-58-0

ISBN 978-3-943176-11-7

ISBN 978-3-934918-56-6

ISBN 978-3-934918-76-4

ISBN 978-3-934918-48-1

ISBN 978-3-934918-43-6

ISBN 978-3-934918-75-7

ISBN 978-3-934918-42-9

ISBN 978-3-943176-20-9

ISBN 978-3-943176-50-6

ISBN 978-3-943176-16-2

CONBOOK VERLAG
www.conbook-verlag.de

Unsere Business-Coaches für die Sakkotasche

Markus Hasenfratz,
Gerardo Müller Albán

Geschäftskultur Brasilien kompakt

ISBN 978-3-943176-30-8

Brasilianer handeln emotional und selten exakt nach Plan. Zurückliegende Vereinbarungen und Termine in der Zukunft werden schnell vom Tagesgeschäft überlagert. Binationale Projekte verlaufen daher vor allem dann erfolgreich, wenn zwischen den Partnern ein stetiger persönlicher Kontakt besteht – auch weil die gegenseitige Sympathie für Brasilianer entscheidend ist. Stimmt die gemeinsame Basis, gilt für jedes Vorhaben *›jeitinho‹:* Mit Optimismus und Ideenreichtum findet sich immer ein Weg.

»Dieses Buch gibt seinem Leser das nötige Werkzeug an die Hand, um optimal auf den interkulturellen Kontakt mit brasilianischen Geschäftspartnern vorbereitet zu sein. Kompakt und informativ, ein wertvoller Ratgeber.« *(Frank Panizza, Leiter des Kompetenzzentrums Lateinamerika, IHK Pfalz)*

Bisher in der Reihe **Geschäftskultur kompakt** außerdem erschienen

Schneider/Comberg: **Geschäftskultur China kompakt** (978-3-943176-32-2)

Rappel: **Geschäftskultur Indien kompakt** (978-3-943176-21-6)

Schneider: **Geschäftskultur Japan kompakt** (978-3-943176-33-9)

Igra: **Geschäftskultur Russland kompakt** (978-3-943176-28-5)

Metzger: **Geschäftskultur Spanien kompakt** (978-3-943176-22-3)

Marius: **Geschäftskultur USA kompakt** (978-3-943176-25-4)

Die Ratgeber der Reihe **Geschäftskultur kompakt** bieten Erfolgsrezepte für die Kommunikation und Kooperation über Ländergrenzen hinweg. Experten bringen die Charakteristika einer Geschäftskultur auf den Punkt und geben Unternehmern, Selbstständigen und Arbeitnehmern konkrete Tipps für einen professionellen, selbstsicheren Umgang mit kulturellen Unterschieden in einer globalisierten Arbeitswelt.

CONBOOK VERLAG
www.conbook-verlag.de

Überall erhältlich, wo es Bücher gibt.

Eva Ehley

Männer schweigen

Ein Sylt-Krimi

Band 18929

»Die Atemnot treibt ihr den Schweiß aus den Poren. Sie wird das hier nicht durchhalten. Hektisch saugt sie die Luft durch die Nase ein. Der Gestank des Knebels in ihrem Mund bereitet ihr Brechreiz. Aber sie weiß genau, wenn sie sich übergibt, ist sie verloren. In wenigen Sekunden erstickt. Doch jetzt weicht ihre diffuse Panik einer sehr viel konkreteren Angst. Denn das Telefonat im Nebenraum ist beendet, und die Tür öffnet sich …«

Zwei Frauen, die sich zum Verwechseln ähnlich sehen. Die eine tot, die andere verschwunden. Zufall? Von langer Hand geplant?

Der dritte Fall für die Sylter Ermittler Sven Winterberg, Silja Blanck und Bastian Kreuzer

Fischer Taschenbuch Verlag